8:00	~~處室事務執行~~	100%。 療癒空間規畫；主題書櫃布置。
9:00	~~溝通相關協調~~	100%。 與大師有約線上流程；招標文件審查。
10:00	~~跨處室會議~~	主管會議。
11:00	~~計畫書討論會議~~	線上計畫書審查與討論；建議事項修改。
12:00	午餐	0%。 和學生討論社團課程，執行公務。
13:00	~~招標案~~	AR 空間招標。
14:00	~~招標案~~	AR 空間招標。
15:00	~~閱讀社群課程討論與講師邀約~~	80%。 確認一學期八節課；講師邀約信件內容。
16:00	~~新生圖書館教育~~	書籍挑選；讀書心得書寫；選書師平臺介紹。
17:00	~~今日工作回顧與檢討~~	確認今日工作執行進度，未完成的移至明日工作進度。
17:30	走路回家	路經超市買蔬食湯材料。
18:00	做晚膳	煲湯時間約 30 分鐘。 新習慣。
19:00	晚膳	健康蔬食餐。
20:00	運動時間	60%。 因為疫情無法跑步，只能改為快走。
21:00	閱讀、書寫	60%。 整理閱讀重點，完成書寫大綱。
22:00	沖涼、冥想	放鬆時間。
23:00	就寢	

子彈原子筆記術練習表

（詳情參照本書 p.66，範例請見拉頁背面。）

時間	工作內容	執行率（對話區）

怡慧老師的子彈原子筆記術

① 每個時間段只做一件事就好。
② 將目標「迷你化」，例如 10 分鐘執行一項小任務。
③ 目標設定合理化，以前一日執行的狀況，增刪今日的工作內容，
④ 培養新習慣時，以分鐘為記錄單位，並且不要給抽象的任務。例如冥想 3 分鐘、閱讀 5 分鐘、手作料理 10 分鐘等。
⑤ 每日書寫子彈筆記，作為專注力執行的提示。
⑥ 一個區間，一個習慣。以下表為例：

時間	工作內容	執行率（對話區）
6:00	起床	
6:15	~~冥想（10 分鐘）~~	100%。 冥想時，肩頸僵硬。 維持習慣。
6:30	早餐	咖啡、蔬果沙拉、麵包。
6:45	~~閱讀 10 分鐘（第一章）~~	100%。 閱讀時光加音樂。 維持習慣。
7:00	走路＋默背單字（五個）	0%。 遇到學生閒聊。 以後專心走路就好。
7:30	批閱公文	100%。 提前完成，發表會列入處室會議內容。
7:45	巡堂	80%。 七年級完成（八年級因結構補強未抵達）。

怡慧老師的原子習慣實踐之旅

宋怡慧——著

各界好評推薦！（依姓氏筆畫排列）

怡慧最懂得孩子，最懂得青少年。她爲青少年寫的書，孩子們都非常受用，也是教師的參考書。她爲孩子們寫原子習慣，繪製諸多表格與分類，相信孩子們一定受用。

——李崇建（千樹成林創意作文創辦人）

沒有奇蹟，只有累積。習慣，可以說是生活的最小單位，我們藉著一個人的幾個重要習慣，可以大致上還原一個人平常如何過生活，然後推知這個人的未來。閱讀是習慣，學習是習慣，用實驗精神來自我改變也是習慣。不願意對自己展開實驗，心理治療就難以產生效果。感謝怡慧老師推己及人，分享對自己有效的方法。我的自我認同是一位「助人者」，這本書正是助人的好教材，非常推薦給讀者！

——洪仲清（臨床心理師）

因爲閱讀《愛讀書》的緣分而認識宋怡慧主任，並邀請她蒞臨馬來西亞，爲獨中（華文獨立中學）超過兩百位校長、副校長、閱讀教師進行閱讀推廣演講。那是二〇一七年世界書香日，也是改變的開始。她用晨讀作爲閱讀初始的提示，要我們形成社群，這是吸引策略；要我們只要行動了，就是愛閱讀的進步，並不斷給獨中夥伴有形、無形的獎勵。

或許，這段閱讀的故事也是我們實踐原子習慣的起點。她爲這片土地進行文化教育，全心全意滴灌生命之泉，到了二〇二三年的今天，還帶領獨中夥伴進行「跨閱三．〇」的跨科閱讀素養教育。這是獨中的主導機構「董總」（馬來西亞華校董事聯合會總會），對獨中未來十年願景的規畫，而她持續不斷，慢慢卻有目標地帶著大家前進，因而有「閱讀傳教士」的美譽。她說這是閱讀身分的認同，促成獨中的閱讀教育一點一滴在改變和進步。回顧五年多的閱讀推廣，誠爲宋怡慧主任實踐原子習慣、做出貢獻很生動的例子之一。

此書適合爲學生所用，也適合老師指導學生，更適合全校動起來，按部就班建立讓自己看見人生奇蹟的原子習慣。

——張永慶（馬來西亞波德申中華中學校長）

許多人都閱讀過《原子習慣》，也認同書中的道理，但眞正照著實踐的人卻不多。我所認識的怡慧老師是個大忙人，除了是學校老師外，更是閱讀推手，還是多產的作家，專業範疇遍及海內外，這肯定需要過人的意志或能耐吧！事實上，她正是原子習慣的奉行者，用少少的力氣，卻能有效地管理自己的生活，實現自己的夢想。這本書是《原子習慣》的眞人實踐版，怡慧老師的親身分享，肯定能帶給讀者更多啓發！

——陳志恆（諮商心理師、暢銷作家）

這是目前我所讀到有關《原子習慣》的最佳實踐版！怡慧老師以她個人生活、教學中的實際案例，鉅細靡遺地一步一步拆解實踐的過程，讓《原子習慣》不僅更接地氣，還可以看到更多在日常生活中落實的案例，無論大人、小孩、教師、學生，或是管理者、上班族，都值得參考！

——愛瑞克（《內在原力》作者、TMBA共同創辦人）

目次 CONTENTS

Part 2

原子習慣的教學實踐

Part 3

原子習慣的海外實踐

〈自序〉

拆除習慣天花板，越習慣越自由

亞里斯多德曾說，我們的重複行爲造就了我們，所以卓越不是一種行爲，而是一種習慣。過去，我以爲建立美好習慣是十分困難的事，不是處於臨淵羨魚的階段，就是陷入半途而廢的悔恨深淵，變成自我超越的逃兵。

直到二〇一九年暑假接觸到詹姆斯·克利爾（James Clear）的《原子習慣》這本書，生活逐漸有了轉變。身受其利的我，在國立臺灣圖書館二〇二一年一月的「終結句點王·online 讀書會」，與線上書友分享自己如何利用每天進步百分之一的系統，改變觀念、建立習慣、產生身分認同，讓我走在人生目標清晰的旅途上。

這次的讀書會，觀眾互動熱絡，許多朋友紛紛允諾要投入日常實踐，我也因本書開始實踐習慣形成四步驟，受益匪淺，不僅逐步養成良好的閱讀、寫作、時間管理、運動等習慣，更邁向正向轉念、自我實現的有光世界。

最幸運的是，國臺圖的《原子習慣》線上讀書會分享，讓我邁向「原子書寫」的嶄新里程碑。當年五月，我和主編淑雲、專案企畫蕙婷相約見面，那是疫病蔓延的初始，人心惶惶，生活型態驟變，我因而決定全面啓動原子習慣的實踐之旅。這個初心讓我們有志一同地決定新書方向：從疫情前到疫情後，我如何將《原子習慣》的知識化爲行動與實踐的歷程，透過文字眞誠地與讀者分享，建立好習慣，就能輕鬆提供內外的安頓與支持。

這本書從閱讀到實踐、實踐到成書，歷經三年多的時光。回顧這段「想法升級、行動落實、生命對話」的歷程，自己不斷在「提示、渴望、回應、獎賞」的迴路，因習慣養成的四個步驟，覺察到過去行爲的盲點，然後有意識地打造良好的習慣，進而改變。

慢慢地，我建立自我的身分認同，面對挫折也不會過度焦慮、痛苦、憤怒，運用書中的簡單四步驟，讓情緒穩定、生活作息趨向規律。這段時光因生活有序、情緒穩定，身心變得更自由自在，受挫力也提升不少，甚至因爲有效地執行計畫，讓自己願意挑戰過去無法完成的事，從中獲得許多跨越的經驗和挑戰的成就感。

一千多個日子過去了，因爲改變飲食習慣，身體變得強壯了；因爲習慣走路、運動，體力與耐力也躍進了；最重要的是，人際關係從被動到主動，贏得許多眞誠的友誼。《原子習慣》讓我不只建立一個又一個好習慣，它還讓我不自覺地突破慣性思維，在教學、閱讀、書寫、價值觀等方面彷若脫胎換骨。尤其，二〇二二年就像原子習慣的豐收期：四月受邀到新加坡擔任世界書香日與文學四月天開幕嘉賓，還擔任金石堂書店下半年的愛書大使，甚至在年末完成新北創新教育加速器計畫三年的任務執行。馬來西亞華文獨立中學「跨閱」工作坊的共備工作，也邁入成熟的第三年，而「Song讀」閱讀社群從成立到穩健運行已是第五年了；至於，在書寫的實踐上，出版了三本創作風格迥異的書——《國學潮人誌2》是古文新解，《有情人間》是生平第一本散文集，《用書打怪》則是後疫情時代重要關鍵力與對應書單的分享。

讀者開始紛紛傳訊息問我：「怡慧，你一天不也是二十四小時，怎麼有那麼多時間可以工作、教學、閱讀、寫作？」如果眞要歸因，我想是《原子習慣》讓我的人生蛻變，遇見它像是喜獲生命彩蛋，有機會從井蛙之域躍出，望見廣袤神奇的進化世界。

因此，帶著獨樂樂不如眾樂樂的心情，《怡慧老師的原子習慣實踐之旅》在二〇二三年出版了。

這本書期待以如實而誠懇的筆觸和事例，與大家分享自己實踐的祕訣和內在感受。同時，我也採訪正在實踐《原子習慣》的五位好朋友：張永慶校長、姜兆彤老師、黃浩勳老師、劉又瑄藥師、吳昌諭主任，並將他們的實踐心得記錄在後記，讓更多實例鼓舞讀者建立好習慣，且以「原子習慣」爲日常的實踐，一起走在不斷進步成長的路上。我們都是良好習慣的見證者，並用時間和毅力證明原子習慣持續累積帶來的快速躍遷。我常想，閱讀帶給一個人的生命奇蹟是什麼？或許就是我與《原子習慣》從遇見到實踐，實踐到再創的過程。

《原子習慣》幫助我拆除了習慣天花板，建置有效、清楚的習慣系統，更讓好習慣的養成「無上限」。自動化的好習慣除了帶來內心的盈滿之外，也讓我們邁向成功之路。當我畫上寫作日曆的最後一顆「蘋果」時，集滿的寫作記號，也讓《怡慧老師的原子習慣實踐之旅》象徵順利出版的獎勵。這神奇的旅程印證了一個好習慣真能如滾雪球般，帶來豐碩的人生成果，且讓我們終生受益。

〈前言〉

習慣養成四步驟與人生的完美連結和實踐

進入正文之前，在此先聊一下《原子習慣》提到的建立習慣的四個步驟／法則：**提示**（**讓提示顯而易見**）、**渴望**（**讓習慣有吸引力**）、**回應**（**讓行動輕而易舉**）、**獎賞**（**讓獎賞令人滿足**）。

提示法：貼標籤是養成習慣的第一步

我們常說，不要在自己身上貼標籤，但若是利用心理學的「標籤效應」來提高一個人的自信心，是否有其正面效果？

一九六八年，美國愛荷華州一名小學老師珍・艾略特（Jane Elliott）設計了一項經典的「標籤實驗」：一如「水可載舟，亦可覆舟」的道理，當一個學生被貼上標籤之後，就會被標籤分類影響，連同儕也不自覺把他的行爲類化。例如嘴巴大的人若被貼上「慷慨解囊」的標籤，他就會不自覺地樂善好施，願意分享；但如果被貼上「貪婪好食」的標籤，他則會不自覺地氣量狹小，不願付出。

這個實驗的結果十分符合《原子習慣》提到的：**改變習慣最有效的方式，是從改變身分認同開始**。同理可知，當我們爲自己貼上正面標籤之後，自然會產生認同，進而逐漸做出符合正面標籤的言行舉止，從中找到自我本能潛藏的「熱情」（passion）及「使命」（mission）。

在推廣校園閱讀時，我會先從貼「閱讀標籤」開始，例如「晨讀學校」「愛讀社群」，讓閱讀變成我們共同的標籤，就容易凝聚彼此的共識。接著，透過學校圖書館、每週主題書展、十七處漂書站，養一個處處有閱讀的場域，不斷提示學生，轉角就能遇到閱讀。而當學校變成一個行動圖書館時，就能替孩子們貼上「大閱讀者」的標籤，讓他們覺得閱讀這件事和吃飯呼吸一樣自然簡單。

因此，應該先讓學生喜歡閱讀，並且可以找到自己適讀的書籍，從自己喜歡的開始，才能無痛、無意識地養成閱讀習慣。美國心理學家威廉．詹姆斯

（William James）曾說：「思想（態度）決定行動，行動決定習慣，習慣決定性格，性格決定命運。」培養任何習慣，應該先安其所習，享受身分認同的歷程，而非只執著於完成設定的量化目標。與其讓學生爭著當閱讀贏家，不如讓他們自動貼上「終身學習者」的身分標籤，因爲每天和別人比賽閱讀的數量，當目標達成後，快樂的感覺很容易就消逝了，閱讀習慣也就漸漸開始弱化。回顧自己熱愛一件事的初衷，都不是因一天完成多少目標而開心，反而是從過程中感受到學習的快樂與滿足感。

貼上身分認同標籤

我們通常會向親近的家人朋友或有地位聲望的人學習。美國知名企業家吉姆．羅恩（Jim Rohn）就提出「五人平均值」理論，說明經常接觸的環境對自己的影響很大。一個人現階段花最多時間相處的五個人，會影響你目前的行爲與思考，他們加總後的平均值，就等同當下的你。所以如果想要讓自己向上提升，就要跟學習與品格上的強者交朋友。只是，強者有時間陪我們「閒聊」嗎？

最經典的故事是電磁學奇才麥可．法拉第。法拉第是為生計奔忙的鐵匠之子，他找到一份工作，讓自己可以靠知識翻身——到書本裝訂及銷售商人喬治．雷伯的身邊打工。因為工作之便，他可以接觸到許多科學方面的書籍，並靠自學汲取物理學和化學領域的知識。越接近科學的殿堂，法拉第開始有個大夢想，就是希望認識英國皇家學會會長漢弗里．戴維。於是，法拉第寫信給皇家學會的人，請求對方給他一份工作，無論是掃地、打雜、謄抄，任何工作他都願意做。他知道若要成為強者，就得先進到強人圈；進入強人圈，他才有機會窺見科學的奇奧風景。

同時，他開始旁聽戴維的講座，並認真做筆記，把聽講完的內容裝訂成冊，親自送到戴維家中，還寫了一封文情並茂的信，希望戴維能給他一個當學徒的機會，信件內容提及自己對科學研究的熱情，還有對戴維這位科學家的尊敬與崇拜。為了表現自己的實力，法拉第把當日聽講的內容重新整理成一本多達三百頁的筆記，並加入自己多年來對科學的體會，以及旁徵博引的研究，希望戴維能給他一次見面的機會，讓他這個喜歡科學的窮小孩能向強者科學家靠攏一步。最後戴維被他鍥而不捨的努力感動了，終於給了法拉第友善正面的回覆，日後，也僱用法拉第當他的貼身祕書。

從這個故事我們知道，閱讀是和強者建立關係最簡單的方式。只要到圖書館借一本與他相關的書，或是連上購書網買下大師的作品，你不只可以隨時向強者諮詢，也不必擔心被拒絕，甚至吃閉門羹。無論何時，只要想向強者請益，他立刻就會化成文字，親切地對你說：「請多多指教。」或許，多年後，你也可以把閱讀所得化成文字，讓強者明白，多年來你與他建立的文字連結，讓你靠他更近了一點，順勢也貼上了強者圈的標籤。

所謂見字如面，有些生命的經驗或感動，都能從文字召喚而來，尤其是心靈層面的潤澤。你和強者在文字長廊中邂逅，彷若忘年之友，輕鬆促膝而談、契闊談讌。

推廣閱讀多年，我總覺得能與年輕孩子以一本書當作生命偶然深切的交談，讓他們貼上「大閱讀者」的標籤，引導他們去思考「我是誰」的哲學問題，都有助於孩子們在青少年時期找到人生的方向，為理想定錨。試想：多年後，他們也可能站上強者的舞臺，建立屬於自己的強者圈，這是多麼令人振奮的畫面呀！

誘因法：習慣綑綁是養成習慣的第一步

你聽過買了一件睡袍之後，竟然花重金把家裡重新改裝的故事嗎？這是十八世紀法國哲學家德尼．狄德羅（Denis Diderot）的親身經歷。

朋友送狄德羅一件漂亮的睡袍，他穿上之後，一切都變得不對勁了。首先，他發現腳下的地毯破爛不堪，配不上這套華麗的睡袍；換上高貴的地毯之後，家具的品味又和地毯不搭襯了，所以他緊接著再把舊家具換掉，換成外形與材質都頂尖的家具。是的，你猜對了，接下來他就是不斷花錢買東西，甚至為自己的家重新裝潢。

原來，一個人在獲得全新的物品時，對身邊的其他物件往往會產生不滿足的心理。這種連鎖性消費行為就稱為「狄德羅效應」。那麼，如果要善用這種心理，讓過去已經養成的習慣與新習慣無縫接軌，又可以怎麼做？

《原子習慣》提到，**誘惑綑綁是讓習慣更有吸引力的一種方法，實際做法是把「想要」的行爲與「需要」的行爲配對**。這有點類似狄德羅效應，就是**做完「目前的習慣」之後，啓動執行「需要的習慣」；做完「需要的習慣」之後，啓動執行「想要的習慣」**。

首先，建議列一個時間表，把舊習慣和新行爲綑綁在一起。以我的時間表爲例。

時間	舊習慣	需要／想要的新習慣	地點	習慣堆疊習慣（行為）
六：〇〇	起床	冥想（想要）	房間	六點起床後， 在房間練習冥想五分鐘。
六：三〇	梳洗、吃早餐	閱讀（想要）	飯廳	六點半吃完早餐後， 在飯廳閱讀五分鐘。
六：五〇	走路上班	背日文單字（想要）	上班途中	六點五十分走路上班途中， 背五個日文單字。

舊習慣是大腦自動化過的行為，執行舊習慣後，順便帶進一個新習慣，就是**讓新習慣透過與舊習慣的綑綁，輕鬆又順便地執行**，成為重要的敲門磚，啓動一個人的「習慣開關」，讓多元學習變成會上癮的習慣。透過習慣的綑綁，可以強化舊、新習慣之間的執行意向，產生意想不到的獲利槓桿。習慣通常是多巴胺驅動的回饋迴路，當多巴胺升高，行為的動機也隨之提升，因此在進行習慣綑綁時，可以讓習慣堆疊，變得更有吸引力。

一般而言，學校都會在週一安排晨考，因此，學生週一憂鬱的比例很高，甚至一早的心情就處在分數的評比裡，漸漸失去學習的渴望與快樂。

如何讓新習慣變得有吸引力，甚至渴望去執行？根據我推動晨讀的經驗，可以這樣做：早上進入班級後，先讓學生好好吃完早餐，接著讓他們選擇想要開始考試，還是要輕鬆閱讀。學生當然會先丟掉考試這個大魔王，沒有懸念地選擇晨讀。

一週之始，我會排定校園晨讀時間。學生吃完早餐後，我會先放卡農音樂，提醒他們拿出自己喜歡的書，輕鬆地閱讀。我認為，學生能在週一不用趕著收作業、晨考，而是聽到喜歡的音樂，加入一個閱讀習慣的綑綁，就可以讓輕鬆聽音樂和開心閱讀這兩件事變成週一上學的自動化行爲。

此外，老師必須以閱讀爲名，陪伴學生進行晨讀運動，共創校園美麗的晨讀時光。

晨讀時間過後，老師再給學生正向的言語鼓勵，或是給專注晨讀的學生實質鼓舞，讓學生知道閱讀這個新行爲能獲得大家的認可、尊敬、讚美，就會覺得目前正在執行的行爲變得很有吸引力。

簡單法：輕而易舉是養成習慣的第三步

世界上最公平的事，就是上天給每個人一日二十四小時。那麼，要如何分配或善用每個人同等的二十四小時呢？

實業家羅伯特·歐文（Robert Owen）曾經提出「八小時工作，八小時自由支配，八小時休息」的口號，並在一八八六年美國三十五萬名工人有意識的爭取下，聯合大罷工，換來每日工作八小時的制度。這意味著，我們的人生除了工作與睡眠，如何妥善分配剩下八小時的自由與自律，就變得十分重要。人與人之間的差距，最主要就是由第三個八小時創造出來的。

著名商業顧問劉潤曾說，決定你的人生是平庸或非凡，就在這關鍵的第三個八小時，也就是所謂的「三八理論」。人與人之間的成就差距，最主要就是由第三個八小時創造出來的。當然，這八小時，你透過追劇、聊天、放輕鬆來抒壓是必然的，但若能每天規畫二到四小時的時間，用來投資自己，無論是閱讀、運動、培養技能、寫作、做菜、唱歌，都可以讓自己生活在規律又自由分配時間的世界。此外，透過檢視自己的每日生活、每週計畫、每月目標、每年方向，在人生定錨上就能越來越有自信，走在遇見更好自己的路上。做好時間管理，讓每個行動變得簡單又容易執行，就能學會生存、生活，還有生生不息「愛己助人」的複利思維。

你是不是發現，比我們成功無數倍的人，居然比我們還要努力！他們甚至把時間劃分得很細緻，例如臺灣的天才ＩＴ大臣唐鳳就提到自己採用「番茄鐘」的方式來工作。有效的時間管理已經成爲成功者的「標配」了。

此外，要把自己的目標訂得明確、好執行，最好在自己能力可以掌控的範圍內。管理大師諾爾·提區（Noel Tichy）提出一個理論，他認爲人類對外部世界的認識，由內而外可分爲三個區域：舒適區、學習區（拉伸區）和恐慌區（困難區）。最內圈的舒適區沒有學習難度，心理狀態是舒適的；中間的學習區是對自己有挑戰性的區域，但在熟悉與練習的過程中，心理上大致不會感到難受；最外圈是恐慌區，這個區域超出自己的知識與能力範圍太多，即使多方練習，心裡仍會感覺嚴重不適或想要放棄。

因此，《原子習慣》採用的策略是把任務變簡單，讓習慣是輕而易舉能完成的，也就是不用「跳出舒適區」，而是透過日積月累，讓「舒適區變大」。一如書中所說的，每天都進步百分之一，一年後，你會進步三十七倍；每天都退步百分之一，一年後，你會弱化到趨近於零！所以，我們要善用每日的一小步，慢慢積累成未來的一大步。

讓任務變簡單：番茄鐘＋紅筆刪去法

番茄鐘工作法是法蘭西斯科．西里洛（Francesco Cirillo）於一九八〇年代後期開發的時間管理方法，運用在學習上就是：學習者在二十五分鐘內，專注在眼前的事項；完成後，再用五到十分鐘的時間專心休息。一如孟子說的：「其一人專心致志，惟奕秋之爲聽。」當你專注於一件事，無論是學習或休息，只要啓動大腦專心致志的機器，往往可以事半功倍。

番茄鐘工作法加上活力充沛的大腦，會比疲勞的大腦事半功倍，印證了「讀書使人充實，思考使人深邃，交談使人清醒」的說法。

因此，我會建議學生依照番茄鐘的方式來擬訂每日計畫表。簡單來說，就是身邊放一個定時器，將工作分割成二十五分鐘一個工作刻度，完成後要有五分鐘的休息時間。休息的五分鐘，其實就是讓大腦稍做休息，可以消化一下剛剛學的內容。即使是喝水、上廁所、吃點東西，都是必須的「放空」時間。

而訂定計畫時，記住，第一個步驟要是最簡單、最容易操作的，讓它的難度降低，成功率才會提高。它做起來必須不會讓你抗拒、費神，甚至讓你覺得游刃有餘，想要一直做下去。

要注意的是，一次任務的執行，最多連續四個番茄鐘就要換成新的任務，讓大腦能夠跳脫因爲不斷操作同一項任務而導致的疲乏、無法專注。這樣的學習模式較能創造大腦連結組（腦內所有神經連結的集體），大腦神經元網路不僅連結得更緊密，也能在專注與放鬆之間取得平衡，達到全腦開發。

另外，我特別喜歡紅筆刪去法，也就是每完成一項番茄鐘任務，我都會在今日計畫表中刪掉它。這也方便在每天做計畫檢討時，評估下次執行任務需要增加或減少的番茄鐘數量，以幫助自己更精準地進行時間管理。

獎賞法：讓人滿足，提高習慣養成最後的續航力

你有沒有發現，各大百貨公司都會在週年慶或重要節日，祭出令人動心的折扣，甚至搭配信用卡紅利回饋，來鼓勵大家消費。這種滿千送百的消費迷思，有點像放長線釣大魚，就是給你優惠，卻讓你陷入持續消費的輪迴。

還有，線上遊戲大多有即時的正面回饋系統，它讓玩家在闖過一關之後，頭銜立刻改變了、任務旋即變難了、配備同步升級了。此外，它還會貼心給你意想不到的金幣、神器等正面獎賞，讓人不自覺地對遊戲產生好感，甚至是黏著度，進而想要持續創造紀錄，無形中養成玩線上遊戲的習慣。

從這幾個例子，我才發現：**建立習慣的最後階段，就是透過提高行為的滿足感，讓習慣與行為進入被制約的狀態**。

因此，最常看見的閱讀推廣獎賞制度，就是每天閱讀一篇文章，老師就獎勵一到三顆愛心。只要持續一個月，你的愛心就要破百了；三百六十五天之後，你彷彿成就解鎖，愛心累積破萬，不只可以兌換實質點數，還可以得到「閱讀博士」的動章作為獎勵。許多高中生都告訴我，小學階段的閱讀習慣就是這樣被老師激勵與培養起來的。

當你完成某項任務，就立即收到實質獎勵，這樣的喜悅會造成下一次習慣的持續，或讓行為自動化。老師或父母最常使用物質獎勵，不過，實質的激勵效果還是會讓習慣進入停滯期，導致很難持續下去。那麼，把實質獎勵化成無形的獎勵呢？例如，當今許多年輕文青每天會在ＩＧ或社交平臺寫作，透過定期上傳，久而久之，粉絲讀者的按讚數、轉分享數、留言、回饋都能激勵創作者或平臺經營者，無形中變成一個虛擬社交圈，版主也成為某個議題的意見領袖，產生實質影響力，這比實質獎勵更能吸引版主投注心力去經營。

因此我也觀察到，新課綱時代教育部推廣的學習歷程檔案，其實就是鼓勵學生重視學習的過程，將每次學習的成果記錄下來。透過把學習歷程數據化、圖像化，發現自己成長與努力的軌跡，並且藉由整理學習歷程，反思自己執行任務的結果，帶給自己更多學習上的無形鼓勵，而非只在意結果是否得到Ａ級或滿分。

反觀我尚未明白獎勵機制如何使用時，最常在運動一結束就立刻買一杯含糖飲料犒賞自己，結果越運動，體重越破表。後來，我發現獎勵機制不能和正在從事的行為產生相反效果，所以運動的獎勵品應該是跑鞋、運動服，或是與運動相關的激勵物品，來正向鼓舞運動的行為。

獎賞是誘使行為不斷進行下去的重要條件，立即獎賞是一種做法，不過，運用「獎賞延遲法」，反而可以讓獎勵的餅做大，即使無法馬上提供滿足感，卻有

讓人持續進行的效益。例如每達成一個目標，或完成一個好習慣，就在旅遊基金存入固定的金額，當帳戶金額越來越多，習慣變得越好，旅遊基金也變得更充裕了。

在獎賞法中，我嘗試將獎賞延遲，製造更大的內在滿足。例如每天記錄消耗的卡路里，當卡路里破萬時，就買一件喜歡的衣服犒賞自己。不久後，我意外發現，衣服的尺寸變小了，可以穿的衣服變多了，我不只透過運動讓自己戒除喝含糖飲料的惡習，也讓自己穿出自信與漂亮，同時擁有健康的身體。這樣的獎賞法讓我的人生邁向三贏。

最後，我在執行獎賞與建立習慣迴路時，發現「利他」看起來是成就別人，使他人獲利，但沒想到，當我們爲他人提燈時，善意回轉，最終獲益最多的其實是自己。例如：當我們「利他」，受惠者也持續利他，最後利他形成社會共同價值，讓大家都在利他迴圈中相互獲益。

記得小時候母親告訴過我一個故事：二次大戰期間，歐洲盟軍最高統帥艾森豪從雪地緊急要返回總部開會，行駛途中發現一對老夫婦受困路邊，立即伸出援手，帶著正打著冷顫又不知所措的兩夫妻返回巴黎與他們的兒子相聚，再疾駛回總部。你知道嗎？這個善意的小轉彎，讓艾森豪避開一場生命的死劫。

原來，德國納粹軍早已埋伏在艾森豪返回總部的路上，設下重重陷阱，準備對艾森豪進行大狙擊。

雖然無法得知艾森豪如果直接回總部，人類歷史是否會被改寫，但是一個善意，讓他的生活改變，甚至趨吉避凶。一如全球首富比爾·蓋茲不只是位愛書的大閱讀者，也是樂善好施的慈善家，他在追求財富自由時，同步也在追求自己的社會責任與利他的貢獻度。

《原子習慣》這本書的主要目的，是讓我們學會建立一個又一個的好習慣，只要運用書中提到的習慣養成四步驟，你會發現：無論是在知識價值的提升、時間管理的精準、人脈複利的經營等方面，都可以有完美的連結與自我的實踐。

Part 1

原子習慣的自我實踐

每天進步百分之一，一年後你會進步三十七倍。
你得到的可能不是複利效應的表面成果，
而是對人生價值的確定與自我實現。

沒有做不到，只有想不到

——從不運動到運動者

我曾是一個能搭車絕不走路的人。可能是不喜歡走路帶來的身體濕黏感，汗水淋漓不只不能讓我覺得舒壓，反而讓我有些煩躁，直到有天身體微恙就診，醫生告訴我：「你看起來很瘦削，但是你的體脂偏高，如果再不運動，不久後，可能內臟脂肪數值也會過高，最後可能會連帶影響身體健康。」醫生的話猶如晴天一響雷的警訊，我開始觀察我的BMI值、基礎代謝率（BMR），從客觀數字來推論自己的「健康」眞相。

或許，運動的初衷不是爲了愛美，而是想要擁有健康的身體。如果我失去健康，人生許多想做的事、要實踐的理想，可能都會變成泡影。

但是，我要怎麼和運動親近，和它成爲朋友？

處於躊躇期，剛好遇到《原子習慣》上市，我對於習慣四階段模型——提示、**渴望**、**回應**、**獎賞**——四個步驟不只深感興趣，同時，也懷著好奇與探索的精神，想要從細微的改變看見習慣前後巨大的差異。誠如老子《道德經》所說的：「慎終如始，則無敗事。」因此，我把目標放在健康，以運動當作改變的起點，透過系統化的方式來實踐。

順勢趁著運動習慣的建立，我也盤點自己的人生清單，檢視自己最在意的事是什麼。

健康是最大的財富。有人說過，健康是1，你的想望是0，0可以是享受生活、創造成功等，0越多，人生的可能性越多；但是，沒有了1，所有的一切都歸零。沒有健康的身體，我們的想望可能都化爲泡影了。

循序漸進，建立「運動者」身分

想要得到健康，可以使用《原子習慣》的習慣系統。透過建立微小的慣常行爲，互相堆疊激發效益，而效益又會彼此相乘，最終遠遠超過你的預期。就像

《原子習慣》書中說的：造就成功的，是日常習慣，而不是千載難逢的轉變。

以我而言，運動就像是改變身分。當我進行認同的具體化行爲，如每天都走路（跑步）鍛鍊身體，這代表我認同自己是運動者；當我每天重複不斷地運動，就強化了我是「運動者」的身分。透過習慣漸進式的演化，每天在一點點地轉變，同時，在一個習慣與一個習慣之間，持續經歷自我的內外調整。

身分認同	過程	結果
運動者	每天走路上下班	每日走路超過萬步

上表是我認同運動者的身分，透過每日增加走路強度，最後完成每日萬步的經過。但是，初始不運動的我因無法立刻看到這個習慣改變的結果，發現要完成「每日萬步」眞的很困難。因此，我運用《原子習慣》提到的策略，就是先設定目標，再依照五種難度的步驟來執行。

階段	強度	做法	花費時間
第一階段	非常容易	穿上舒服的鞋走路	一週
第二階段	容易	每天走路上班	一個月
第三階段	中等	每天走一萬步	三個月
第四階段	困難	每天走＋跑一萬步	半年
第五階段	非常困難	每週至少夜跑兩次，每次至少三公里	一年

目標設定之後，我讓這件事變得簡單，不急著一定要按表操課，但我決心讓運動這個行爲，每天都要出現在生活之中。運動的時間盡量**綑綁**喜歡的事，不讓自己聚焦在運動，反而是著重在喜歡的事情上，如聽音樂。我爲大腦按下「重新整理」鍵，讓運動和聽音樂變成一個自動化的行爲。例如出門前，我會先喝杯咖啡，進行短暫的冥想，至少，心情保持清空狀態，刺激走路的時候能夠有愉悅的心情，讓走路上班變成一件快樂的事。

同時，認識大腦運作模式。大腦喜歡游移在專注和發散之間，走路上班和聽音樂，剛好能讓自己覺得放鬆，順便有種開機上班的儀式感，適切地切換家裡和工作場域不同的模式，讓大腦知道：當走路這個動作結束，就要進入上班模式。上班需要專注，可能情緒要比較緊繃，透過走路上班，連結專注上班的提示，當大腦進入自動化之後，居家與工作模式的切換也就不容易錯置或打結。

當然，要每天走路上班，認同自己是運動者，並且相信自己可以改變，都得回到習慣四階段模型——**提示**、**渴望**、**回應**、**獎賞**——的練習。我的做法如下表。

提示	渴望	回應	獎賞
運用習慣記分卡的概念	利用誘惑綑綁策略	最小努力原則	達標的有形／無形獎勵

當我運用**習慣記分卡**的概念，下載計步器APP，彷彿提醒我要注意計步器的數字。我從數字的提示，覺察自己的運動習慣。看到每天累積的步數，我開始相信自己是可以輕鬆運動的人了。

還有，我很喜歡邊做事邊聽音樂，沉浸在音樂的氛圍裡，反而會讓我更加專注。因此，我利用**誘惑綑綁**策略，出門就打開手機下載的音樂，戴上耳機，邊走路邊聽音樂，音樂播完，我應該也就走到學校了。

偶爾，在偷懶之心興起時，我會邀請住在附近的同事一起走路上、下班。對一個不運動的人來說，我必須**先讓動起來這件事變簡單**。所以，剛開始，我會先搭幾站的公車，讓走路上班變得簡單，縮短走路距離，減少心裡的排斥感；接著慢慢讓搭乘站數變少，最後，終於可以不再搭公車。而當我對走路上班不感到吃力的時候，再加入夜跑的習慣，讓運動變得和呼吸一樣自然，跑步這個行爲開始變得不會太困難。

最後，我會記錄每日的運動量，數字不斷攀升，彷彿也是在鼓舞自己的達標行爲。同時，我發現自己的腿部出現肌肉，有了漂亮的線條，這種身體曲線的改變，彷彿是對健康身體的實質獎勵。初始，我也會用迴紋針作爲**獎賞機制**，每累積一個迴紋針，就投入五十元硬幣，日積月累之後，就能買一件喜歡的東西，犒賞自己。

找到可以一起設定目標的同溫層

當運動變成日常，走路和跑步產生和閱讀一樣重要的價值——閱讀是陶冶內在心靈，運動是送給自己健康身體的禮物。後來，也因爲閱讀和運動，我找到能一起設定共同目標的同溫層。即使疫情時間，實體讀書會被迫停止，我們轉爲線上讀書會，依舊維持讀書共學的習慣，透過社交平臺維持一個閱讀的人際連結，保有善良正直、單純友愛的信念。閱讀習慣讓我們能適時透過書中的新知，相互問暖與回饋，讓善意流轉於疫情時代。同時，因爲無法到戶外運動，我們利用做家事勞動筋骨，以走路作爲防疫，同時也節能減碳。這些行爲的改變都是因爲**身分的認同**，即使遇到疫情無法見面，彼此的關係反而更加親密，建立目標身分的同溫層。

此外，運動習慣也帶動作息正常化，能夠好好睡覺的正向回饋。白日的運動量足夠，身體容易放鬆，晚上就能得到較佳的睡眠品質；而睡眠充足，間接地也提升工作的效能，且有助於人際互動、情緒穩定。

行為改變的三個層次

最近還發生一件有趣的事：我和同事約好要到附近的土地公廟祈福，以前我一定會搶著要搭便車，因此，不了解現況的同事熱情邀約我共乘。沒想到我竟然說：「謝謝你，但我喜歡走路，不只能累積今天的步數，也能保持身體健康，還可以節能減碳喔！」說完這句話，同事驚愕的表情卻也讓我恍然大悟：原來，我已經從建立運動習慣、達成什麼目標，進步到運動者的身分認同了。

果眞，每天進步百分之一，一年後你會進步三十七倍。你得到的可能不是複利效應的表面成果，而是對人生價值的確定與自我實現。

培養正向思考習慣，營造善意人生

你有沒有過突然被一團烏雲攫住，心情頓時跌落谷底的經驗？

《原子習慣》提到：當你與正面感受產生連結，習慣就有吸引力。如果，開學要早起，我們可以把你「必須」早起，改成你「可以」早起。這能讓你把早起這項行爲的重點放在它的益處，而非壞處。你「可以」早起，表示你是個「自律」的人，同時，也是「自由」的人，時間與作息你都能妥善地安排。反過來說，如果，你想的是你「必須」早起，可能會產生一種負面的感覺，好像被強迫、被控制。因此，《原子習慣》書中有一段話是：感覺和情緒會告訴我們要維持現狀或做出改變，它同時也能幫助我們找到最佳行動方案。正向思考讓我們面對困境（逆境）時，看清事實，找到惕勵機制。

讓正向思考與行爲連結在一起

每逢長假過後，常常會看到朋友圈出現「長假症候群」，疲倦、焦慮、失眠等等。既然知道長假後會有這些「反應」，面對長假過後的上班日，我通常會這麼做：前天晚上把隔天上班要用的東西都整理好，放進喜歡的漂亮包包（**提示**）；設定好手機鬧鐘音樂，用一首喜歡的歌作爲起床儀式，這樣當樂音瀰漫在空間中，心情就會跟著昂揚起來（**吸引**）；隔天起床後，我會在盥洗室的鏡子前對自己微笑，代表準備好要上班了；接著，喝杯咖啡、吃個早餐，然後出門，讓上班的行動環環相扣，變得輕鬆愉悅（**簡單**）；到了辦公室，簡單瀏覽行事曆，再貼上加油貼紙，鼓勵自己準備好擁抱嶄新的一天（**獎賞**）。

當我把正向思考與行爲連結在一起時，某些困難的行動突然變簡單了，長假之後，因正向思考的引導，立即轉換頻率，輕鬆地上班，進而提高效率。能夠快速讓念頭換頻，也是《原子習慣》提醒的：當感覺與情緒受損，我們會失去決定的能力；當我們願意不被感覺和情緒支配時，就有機會看清現實，找到理性解決的方向。因此，我的做法不是去清除內在的恐懼和不安，而是「看見」自己的害怕和畏懼，試著先與情緒共處，同理負面情緒之後，再幫自己的擔心找一條出路：

「怡慧，明天要上班了，會不會擔心出現混亂的局面？」

「我們都做好行事曆了，應該不會出現混亂的場面喔！」

「怡慧，你會害怕睡過頭或東西忘了帶嗎？」

「其實鬧鐘都設好了，生理時鐘都調整過來了，你現在要做的是好好入睡囉！」

正向思考並非勉強自己或他人樂觀看待，放下負能量，而是在不貶損或膨脹自己的思考下，接受當時的情緒與感受，爲它釐清方向，找到解決之道。因此，我爲自己創造一個上班儀式，早起微笑，喝杯咖啡，然後，放心上班。

當你透過正向思考成功處理了憤怒、膽怯、恐慌等情緒，你下次再面對負面情緒時，就會產生再次去解決它、正視它的渴望。當挫折與困難找上你時，你不再畏懼挑戰，願意幫自己解決問題的行爲就產生了吸引力，讓你重新設定大腦思考，有意識地處理紛亂的事物，許多難以完成的工作也就迎刃而解了。

善用獎賞與同理，增強重複正向思考的可能性

亞馬遜創辦人貝佐斯說過：「聰明是一種天賦，而善良是一種選擇。」我深受這句話的影響，因此，我再分享一個利用原子習慣建立正向思考，進而展現善良的方法。

我們可以善用**獎賞令人滿足**的策略，增強下次重複正向行爲的可能性。就像俗話說的，能堅持到最後一哩路的人，你與成功相遇的機率是很高的，因爲你遇見的人會很少。因此，每實踐一次正向思考，我會把結果記錄下來，強化自己的行爲，同時也會在社交平臺分享自己利他的行爲與後續生活的改變。正向思考的動機讓我交到志同道合的朋友，他們會在我的貼文留言鼓勵我的思考；而當我完

成一項實踐行爲時，他們也會分享自己務實的做法，強化我維持正向思考的動力，同時，也爲自己建立一個正向思考的**身分標籤**。

過去面對人際衝突時，我會心想：「爲什麼老天爺會讓我遇到這個人、遭遇這件事？我也太倒楣了吧！」當這個念頭占滿大腦時，我就不自覺地深陷暗黑情緒的牢籠，煩惱的事不只沒辦法解決，反而讓自己身心俱疲到開始懷疑人生的意義。

最可怕的是，當你的情緒失控，就會感覺自己不斷被他人攻擊，甚至忍不住反擊或批評。直到我在作家艾爾文的臉書看到這句話：「不要隨便就批評一個人，那可能撲滅一個拚命想點燃的火苗。」是呀！如果每次遇到和我觀念不同、做法不一的他者，我總是不自覺地說出負面語言，無形中也在挫折他人做事的熱情與努力。

那麼，如何慢慢練習，讓大腦先消除這些負面訊息呢？我在電腦螢幕前貼上以下這些話，改用同理心策略來提醒自己：

你聽到對方說了什麼話語？

你看到對方哪些表情和動作？

對方做出什麼回應與反應？

你認爲對方的感受與態度是？

我先從對方的角度蒐集資訊，不急著從他的情緒或行動來反應。當我整理好完整的事實，再往冰山以下深探——對方有什麼痛苦、恐懼？對方的反應與行爲是期待得到什麼？

當我進行換位思考時，許多負面情緒、不滿的感受，都會轉變成有用的訊息，讓自己找到人我互動的眞正答案，就不會陷入情緒的泥淖。

所以，我常告訴自己，命運或許會賞我們一巴掌，但我可以用心送自己一顆正向思考的糖，扭轉劣勢、翻轉人生。

建立「對世界善意」的身分認同

當我們願意讓大腦轉彎，進行換位思考，不只留條路讓別人轉圜，也會替自己開創不同的生命選擇，甚至帶來人際的和諧與好運氣。正向思考可以立即幫助你保持善意的動機，長期下來，能建立一個「對世界善意」的**身分認同**——你可以過得輕鬆，卻選擇一條難走的路；你可以打安全牌，卻願意接受挑戰，離開舒適圈。重點是要用賞識自己的眼光，才能看得見前途有光。

長期透過正向思考探看世界，你就明白《原子習慣》爲什麼會說，讓成功機率最大化的祕訣，就是選對戰場。什麼事情對別人是勞苦，對我是樂趣？什麼事讓別人感覺失去，卻使我能比一般人得到更多的報償？當我仔細思考後，終於明白：選擇一個善意流轉的人生，是我最想要的人生旅程。

因此，說出一句鼓勵，給別人一個勇氣，不好嗎？給予一個善意，拉別人一把，不好嗎？讚美別人的同時，不是也在爲自己的人生加分，爲自己的生活帶來善緣、正能量的串聯嗎？所以，保持正向思考對現階段的我來說，已是自然而然的行爲，因爲我打從心裡認同：微笑支持永遠比批評挑錯，更令他人願意改變與自省。

生老病死、愛恨貪嗔，每個人都在接受命運的挑戰和考驗。當你看清世界的現實，仍願意眞誠以對、熱情以待，那麼就走在一條正向思考、覺知有愛的坦途上了。一如卞之琳的〈斷章〉這首詩說的：「你站在橋上看風景，看風景的人在樓上看你。明月裝飾了你的窗子，你裝飾了別人的夢。」人心或許會改變，承諾或許會打折，但是善意和溫柔，讓你日久見眞情。它不會讓我們走在孤獨的路上，反而能用心聽見好事發生的聲音。

當我們看見身邊的人，望著彼此閃爍善意光芒的眼睛時，你會眞誠敞開熱情與善解的心扉，看到正向思考爲我們的生命帶來更多人間多情的善緣與機會。

做好時間管理，駕馭自己的人生排程

忠實讀者與年輕學子最常問我：「怡慧老師，你如何管理自己的時間？又如何安排事情的時程？還有，如何讓自己可以每日閱讀、每日寫作，最後還能將作品付梓出版呢？」

《努力，但不費力》這本書提到一個很重要的觀念：生活當中有百分之九十並非眞正重要的事。如果能將時間聚焦在眞正重要的事，即使它看起來複雜、困難，也可以在用對方法之後，成爲時間管理高手！

我的時間管理方式其實很簡單，就是先**建立身分認同**，這樣就能心無旁鶩地在對的時間做對的事。《原子習慣》提到一個很重要的觀念：**建立以身分認同爲基礎的習慣**。以我爲例，當我把焦點放在「閱讀者」這個身分上，我就會以閱讀者自居（身分認同），並以自身閱讀到推廣閱讀爲己任（目標）。接下來，我會每天晨起閱讀（從自己做起）、在校園推廣閱讀（連結他人）、在校外推廣閱讀

（改變社會風氣），層層外擴，從自己到他人，從他人到建立閱讀社群，聚集志同道合的身分認同者，齊心走在閱讀者的旅程上（結果）。

當你願意認同身分，就容易持之以恆地長期累積。所以，結果不是在達成閱讀一本書、兩本書而已，而是積沙成塔式的身分認同及自我實現，透過長期積累的閱讀歷程，讓閱讀的效益產生擴及性與影響力。

建立身分認同，找出眞正重要的事

當你找到了重要的事，等於建立一個身分認同；當你認同這個身分，就明白時間要花在哪裡，而成就就會在那裡。

《時間管理：先吃掉那隻青蛙》的作者博恩・崔西（Brian Tracy）說過，青蛙，即是你最大、最重要的工作，也是當前最能爲自己帶來正面影響的事情。每個人的一天都只有二十四小時，你必須從工作表單中，找到目前最大、最急迫的任務，馬上處理完畢。妥善安排時間，確實執行目標，就能提高效率。

我們可以從以下這個「重要—急迫」的四象限圖，來進行事件排程與時間搭配的比較與思考。

特色：重要且急迫 意義：自己目前工作的主力與重點 關鍵：火力全開，提高效率。 做法：時間表列出的工作都要完成。 舉例：每日教學、行政工作、閱讀推廣	特色：重要不急迫 意義：人生志業與目標 關鍵：長期永續，累積有成。 做法：人生志業短時間無法達成，要每日累積，循序而成。 舉例：國際閱讀推廣、自身出版寫作計畫
特色：不重要但急迫 意義：突然擠進來的行程 關鍵：自我評估，速戰速決。 做法：評估後，立刻給予建議或協助。 舉例：幫忙其他學校的夥伴開書單、同事使用場地時，請求協助開放冷氣或設備支援	特色：不重要不急迫 意義：人際關係斷捨離 關鍵：善良底線，勇於說不。 做法：不在時間排程內的事件。 舉例：突然打來閒聊的電話、下班突然被邀約的逛街行程

把重要且急迫的事定義清楚，對他人重要、對組織重要的事，才叫作眞正重要。假如你發現你今天拖延的事，明天會讓一群人等不到專案可以執行，會有許多人因而受累、不知所措，組織可能會損失一筆重要的訂單與資金，這就是重要且急迫。

問題來了，如果重要且急迫的事有你不會的，又該怎麼辦？學神史考特．楊（Scott H. Young）在《超速學習》一書中印證了「我行，我來；我不行，我學」的人生理念，他告訴你，再難的事，只要找到「自學」的正確技巧與祕訣，就可以找到「從加法到乘法」的人生超能力，讓自己變成三頭六臂的學習高手。從自學到養成能力的過程，絕不是空談。

我這樣安排閱讀計畫

以我自己爲例，我會每天爲自己擬定閱讀書單，並認眞執行：年度主題書類、月書單、週書單、日書單。從大單位、中單位、小單位的細緻切割，再配合番茄時鐘法的概念，去執行閱讀計畫。

閱讀是安靜的陪伴，給予我們靜享孤獨的快樂。因此，我會先從自己喜歡的書類開始訂定書單，符合自己設定的自我成長計畫。如同出版人郝明義在《越讀者》說過的，閱讀可分成主食閱讀、美食閱讀、蔬果閱讀、甜點閱讀等四類。主食閱讀是會讓我們有飽足感的食物，也就是爲生存需求而存在的閱讀，例如面對職業、學業、工作、生活的困惑，若想解決，就要將主食閱讀列入計畫，它的占比約一半；美食閱讀是思想需求的閱讀，例如藝術、哲學、科學，占百分三十；蔬果閱讀是工具需求的閱讀，例如字典、百科全書、典故，占百分之十；甜點閱讀則是娛樂消遣的閱讀，就像我們最愛的零食，例如武俠、推理、愛情小說，占百分之十。

每週都要把四種類型的書籍按照比例搭配，而每次閱讀的最小單位是二十五分鐘。像這樣做好閱讀計畫，進行時間管理，從中找到時間和計畫的策略配合，協助自己突破，也是挺有闖關閱讀的趣味感的。

擬定閱讀書單後，我會盤點一日二十四小時，每天可以花在閱讀的時間有多少。剛開始無須因速度緩慢而心急，每日慢慢累積，形成定時閱讀的習慣。閱讀時間訂得越精準越好，而且要規定自己日日執行，並做好檢核，做出自己的達成率為何。

閱讀之後，如何做好閱讀筆記就是閱讀產出很重要的關鍵。你可以用心智圖、康乃爾筆記、麥肯錫架構，記錄書中的主要論點、次要論點、要點與結論，記錄作者的寫作動機、你的學習收穫等。閱讀筆記的產出方式因人而異，卻可以讓自己聚焦書中的要義，透過書寫整理，轉化成自己的閱讀成果，有助於閱讀後的反思。

我會在快速閱讀後，將關鍵資訊轉化成概念，放入主題筆記中，再將重要的體會或訊息分享到臉書上。等到要發表至專欄時，再將同樣主題的概念組織成專欄文，進行讀寫轉化。

其實，這也符合《原子習慣》的四法則——（一）**提示：**每天讀固定分量的內容，不費力記錄閱讀習慣；（二）**順便：**將重點記錄到筆記本，簡化閱讀內容，轉換成概念與結論；（三）**簡單：**每天將閱讀心得分享到臉書，容納初始不完美的作品；**（四）獎賞：**內容若能集結轉換成一篇專欄文，就算是一個寫作成果的實質獎勵，加上讀者認同並分享轉載，無形中也鼓舞了自己繼續閱讀與寫作。

活得越忙碌，心卻越來越茫然；越努力，卻讓內在能量消耗得越多。如果能先建立身分認同，把時間花在重要且急迫的事情上，就能輕鬆完成自己列出的工作清單。

正確選擇人生目標，做好時間花費的比例，你就能學會拒絕的藝術，並讓自己的時間有喘息、留白的可能。如果自己的人生可以由自己作主，並且做好工作與家庭、人生與夢想的時間排程，就可以讓自己發揮潛在的天賦，活出漂亮的風采。

打敗分心症候群，讓原子習慣教會你專注

《原子習慣》提到的「**兩分鐘法則**」，不只能讓行動輕而易舉地實踐，同時也因任務簡單，大腦容易處於專注狀態，因而有機會打敗分心症。

我的做法是利用任務分割法，將大任務細切爲小任務，小任務再設定具體目標；設定具體目標後，再規畫執行細則，細則內容是容易在短時間專注且完成的任務。如果你有記錄自己每日滑手機的歷程，你會發現，我們即時回覆訊息的機率很高，因爲「秒回」輕鬆簡單，讓人享有立即互動的快樂，同時不用花費太多心力就能完成。但是，你若認眞記錄回覆訊息的累加時間，你會驚覺自己一天回訊的時間，其實累積起來很可觀。

這是因爲小任務容易達成，加上周而復始的累積，行爲不斷重複地執行，久而久之，執行的頻率夠多，就會形成根深柢固的慣性，讓習慣因自動化而變得輕而易舉。**最小努力原則**（在兩個類似選項中抉擇時，人自然傾向選擇花費最少力

氣的那個）絕對是易於行動的動機，同時透過任務的累加，就慢慢完成了大任務的執行。如同《原子習慣》書中提到的，習慣的養成取決於頻率，而非時間。

這就像財富的累積來自儲蓄的習慣，是從少量的錢財積累而來，絕非取決於一夜致富的投機獲利。記得看過一個故事：世界級首富洛克菲勒的第一份工作是簿記員，這份工作讓他養成隨手記帳的習慣，他說：「一塊錢也是錢，每天記帳，能從統計數字的完整性與準確性，精準地從事實歸納，讓自己不會錯過任何一分錢，同時，也從中培養觀察細枝末節的事物……」

富豪從白手起家到富可敵國，致富來自一個簡單的記帳習慣，還有他對事情的專注力。他把錢當一回事，錢才把富豪當一回事。這可以套用在我們想望的任何事物上。當你學習掌控金錢、時間、人脈，就能專注在金錢、時間、人脈上。首富教會我們的是：比起累積金錢，更重要的是將人生專注在自己認爲值得經營的事情上。

這樣改善注意力缺失問題

在3C充斥的時代，專注力普遍稀缺，人們做事常常分心，不容易精準投入，導致一事無成。一如《孟子》提到的，下棋看起來是小技術，但如果無法聚精會神、專心致志，最終仍是無法學會它。無論過去或現在，專注力都是做事致勝的王道，而既然專注是王者養成的必要條件，爲何我們卻越來越容易分心，甚至常只有三分鐘熱度，無法對一件事情持續專注呢？

紐約設計師瑞德．卡洛（Ryder Carroll）從小有注意力缺失的問題，無法將自己的注意力控制在對的時間與事物上，常常被夥伴指責拖延、不負責任。爲了讓自己不再被身邊的人貼上拖延的標籤，他發明了一款筆記，使用類似子彈的黑點符號，讓自己克服了注意力不集中的問題，甚至成爲懂得解決問題、系統思考的成功人士。

他從一本用剩的筆記本爲發想，設計出依照個人需要的子彈筆記。這本筆記無論是年份、日期、表格內容、符號，都是自己動手繪製的！他的做法就像《原子習慣》提到的：**改變自己的身分認同**。改變行爲的焦點應該放在「認定自己是怎樣的人」，瑞德．卡洛認爲自己是位做事專注有計畫的人，因此，他不是利用子彈筆記來獲得什麼，而是用子彈筆記造成的身分認同，讓自己專注在自身計畫的事情上，成爲一位能爲自己人生負責的人。「未來規畫表」、「月計畫」、「日計畫」等方式，讓自己能專注在設定的目標上，筆記就像一種提示，提示自己每年、每月、每日的重要任務，以簡單扼要、目標明確的方式不斷提醒自己。

同時，透過實踐子彈筆記的內容，更能掌握自己人生的主導權。當你掌握時間，做自己時間的主人，即使玩樂也不會有擔憂和罪惡感，這才是人生眞正的自由！你可以更專注在工作、約會、活動、專案等各個區塊，因爲這些都是人生經營的重要目標。

透過每天記錄與執行資訊的核對，我們開始有意識地盤點：今天的執行率是多少？明天的待辦事項需要調整嗎？透過筆記清晰的訊息，更方便進行「追蹤過去，釐清現在，設計未來」三階段，並學習把任務再切成更小的單位，讓自己去除過多雜訊，以執行任務，培養專注力，更容易進入心流。

當你為自己的生活做好全盤規畫，透過專注力執行，當完成度越高，你就越來越能支配自己的人生。

子彈筆記與《原子習慣》的巧妙連結

我們可以巧妙地連結子彈筆記和《原子習慣》，以下有四大訣竅：

一、**提示：**透過筆記提醒自己整理各項計畫、執行細項。把每天該完成的任務寫入，打開筆記就能明顯看見，提示自己每日、每週、每月的待辦事項。

二、**吸引：**每天任務完成就打勾（或是用紅筆畫掉）。透過這個動作，可以回溯自己昨天、前天、上週、上上週持續完成的事項與進展，使自己在執行子彈筆記時，讓任務互相綑綁，啓動熱情與動力，讓行為變得有吸引力。

三、**簡單：**子彈筆記將每日的工作切分細微具體，讓任務變得簡單，利用最大專注力爲標注區段，將執行的分量與內容適當規畫，方便執行，讓自己能按部就班地往下一個任務前進。

四、**獎賞：**我會以每日執行率八成作爲立即獎賞的底線，例如在社交平臺分享自己的實踐歷程，讓更多夥伴加入實踐的行列，或是在一週的休息日進行旅遊、美容、娛樂等獎勵行程。有形或無形的立即獎賞機制可以激發自己繼續再做的動機與熱情。

從子彈筆記的記錄，發現自己執行任務的時間可以從十分鐘到二十分鐘，這也證明自己執行當下目標的專注力提升。同時，每日完成率從六成、八成、九成，逐漸能專注在自己設定的工作目標，並能完成任務，讓專注於工作完成度的習慣不會因情緒、外在環境的干擾而中斷。此外，透過立即獎賞和延遲獎賞兩種機制，讓自己能因不同的滿足感，而專注於當下的行爲，進行習慣不斷重複的累積。

每次要進行不同時間區塊的任務時，我都會利用環境轉變或提示策略，來讓自己啓動專注開關，像是掛上「工作中」的牌子，避免他人走進來干擾，或是將手機調成靜音，讓環境處於專注執行工作與任務的氛圍。同時，必須讓自己適時轉換工作與休息兩種不同的心情，例如任務結束，可閉上眼睛，播放一段大自然音樂，讓身體放鬆，或是泡杯花茶來品嘗。

如果可以讓自己持續專注地執行工作任務，提高效率，就能慢慢學會全球首富洛克菲勒「積少成多」的成功人生哲理。

怡慧老師的子彈原子筆記術

1. 每個時間段只做一件事就好。
2. 將目標「迷你化」，例如十分鐘執行一項小任務。
3. 目標設定合理化，以前一日執行的狀況，增刪今日的工作內容。
4. 培養新習慣時，以分鐘爲記錄單位，並且不要給抽象的任務。例如冥想三分鐘、閱讀五分鐘、手作料理十分鐘等。

5. 每日書寫子彈筆記，作爲專注力執行的提示。

6. 一個區間，一個習慣。以下表爲例：

時間	工作內容	執行率（對話區）
六：〇〇	起床	
六：一五	冥想（十分鐘）	一〇〇%。冥想時，肩頸僵硬。維持習慣。
六：三〇	早餐	咖啡、蔬果沙拉、麵包。
六：四五	閱讀十分鐘（第十章）	一〇〇%。閱讀時光加音樂。維持習慣。
七：〇〇	走路＋默背單字（五個）	〇%。遇到學生閒聊。以後專心走路就好。

七：三〇	批閱公文	一〇〇%。提前完成，發表會列入處室會議內容。
七：四五	巡堂	八〇%。七年級完成（八年級因結構補強未抵達）。
八：〇〇	處室事務執行	一〇〇%。療癒空間規畫；主題書櫃布置。
九：〇〇	溝通相關協調	一〇〇%。與大師有約線上流程；招標文件審查。
一〇：〇〇	跨處室會議	主管會議。
一一：〇〇	計畫書討論會議	線上計畫書審查與討論；建議事項修改。
一二：〇〇	午餐	〇%。和學生討論社團課程，執行公務。
一三：〇〇	招標案	AR空間招標。
一四：〇〇	招標案	AR空間招標。
一五：〇〇	閱讀社群課程討論與講師邀約	八〇%。確認一學期八節課；講師邀約信件內容。

一六：〇〇	新生圖書館教甫	書籍挑選；讀書心得書寫；選書師平臺介紹。
一七：〇〇	今日工作回顧與檢討	確認今日工作執行進度，未完成的移至明日工作進度。
一七：三〇	走路回家	路經超市買蔬食湯材料。
一八：〇〇	做晚膳	煲湯時間約三十分鐘。新習慣。
一九：〇〇	晚膳	健康蔬食餐。
二〇：〇〇	運動時間	因為疫情無法跑步，只能改為快走。六〇%。
二一：〇〇	閱讀、書寫	整理閱讀重點，完成書寫大綱。六〇%。
二二：〇〇	沖涼、冥想	放鬆時間。
二三：〇〇	就寢	

養成每日記錄美好小事的習慣，知足又快樂

我曾經在國立臺灣圖書館「終結句點王」線上讀書會活動中，邀請社交平臺人氣王謝文憲憲哥來分享。印象最深刻的是，憲哥提到疫情時間，大家的生活驟變，他自己也是，而與其抱怨生氣，不如努力爭氣，所以他進行了每日三件美好小事的書寫，爲期一百天。這段眞誠的談話讓大家深受啓迪，旋即有所體悟：世界不缺抱怨，缺的是願意做事的人。因此，我們在臉書進行串聯，把每日生活中出現的三個小確幸，藉由社交平臺以文字分享出去，影響更多人，希望大家一起透過書寫善意，讓世界更美好，人情升溫。

在發現每日美好三件事習慣養成的二十一天旅程中，你要角色互換：別人對你的付出，要珍惜；面對生活的恩澤，要感謝。這都是知恩的簡單舉措。沒人有義務對我們投注善意，若能把別人付出的點滴當成生命的禮物，放在心底惦記著，這就是感恩的行爲；同時，你會記得把善意傳遞出去，矢誓讓當事人或其他

人備覺溫暖，這也是報恩的積極動作。

因爲每日書寫三件美好的小事，我找到知恩的智慧，尋到感恩的力量，覓到報恩的幸福。臺灣不缺乏善意的故事，只是我們較少用心去發掘，當你眞正捲起袖子做事，就開始在累積善意的存款了。善意像複利效應，善意銀行不斷存進幸福和快樂的存款，當我們遇到不如意、想要爆發負能量的時候，就能從銀行領取快樂能量、幸福支票，即時兌換美好人生，因而平日的累積就能用之不竭，取之不盡。

四步驟建立發現美好事物的習慣

幸運的是，《原子習慣》的法則恰能用來建立發現美好事物的習慣，我的做法如下：

第一個步驟是「提示」

「我就是○○人」，先建立**身分認同**，相信「我就是這種人」。「○○人」填入的形容詞很重要。

當「#美好的三件小事」標籤出現在社交平臺，你會變成書寫美好三件事的人。同時，你也會讀到「#美好的三件小事」同伴如何敘寫自己的靜美歲月，而你在這個提示標籤的鼓舞下，也就自然地「開寫」了。「我就是『寫下美好的三件小事』的人」，這個標籤明確告訴別人，也提醒自己「我是誰，接下來我要做什麼」。

貼上標籤具有類似宣誓的效果，它讓我們的所作所爲都受其影響。例如開始書寫美好的三件小事，我就會刻意留意平時比較容易忽略的小事，還有倏忽即逝的人際互動，因爲文字書寫的力量提醒了自己改變思考迴路——正向思維。

第二個步驟是「渴望」

那麼，如何讓這件事變得有誘因、變得更有意義呢？

趁著「終結句點王」線上讀書會的進行，我點名了姊妹淘彩鳳、又瑄、淑綿、碩珊、麗文、心怡、莉玫、人文，還有偉瑜、茂松、逸翔、照恩、永慶校長、琇鳳校長。利用群體效應，號召志同道合的朋友共襄盛舉，一起參與美好的書寫運動，畢竟人的心理與行爲決定於所處的環境和身邊的人。

這些熱愛閱讀的朋友都是緘默做事、極少抱怨的夥伴，因爲長期在線上讀書會相互激勵鼓舞，每雙週的晚上七點四十分的線上聚會，讓大家建立吃飽飯就一起聊書的習慣，甚至在茂松的帶領下，大家都願意透過筆談分享論點、看法、經驗，平臺熱鬧，提供做法毫不藏私。

線上讀書會是大家趨向善意世界的起點，透過每兩週的知識輸入與心靈充電，在正向思考的討論氛圍裡，我們都認同：抱怨久了，你會忘記善良；認眞觀察，你會發現人生有光。

此外，我會進行**習慣堆疊**（做完目前的習慣之後，執行新的習慣），在晨起冥想之後記錄美好的三件小事，或是在睡前冥想之後書寫美好的三件小事，讓自己習慣開啓今日工作的儀式，或是進入今日工作的反思。

第三個步驟是「簡單」

《原子習慣》作者詹姆斯．克利爾利用簡單法則，協助自己對抗拖延，保持好習慣，例如**兩分鐘法則**，也就是一件事情兩分鐘內可以搞定，我們拒絕的機率就會變低。所以，我們要把一件事的執行門檻降低，該重視的是願意去做的行動力，而非短暫絢麗的成果。

書寫美好的三件小事時可以先條列事件，先記錄就好，不一定要成篇成文。我拋掉自己出過書的作家身分，回歸寫作的初衷，每日記錄美好的人事物。偶爾忙碌不堪、疲憊萬分時，先求有，再求好；先求持續，再求精益求精。因此，只要先記錄下來就好，不追求美文形式的詞藻鑽研，只想簡單地向世界傳遞：「我很好，我發現世界很可愛。」從寫了再說的態度出發，不要有書寫包袱或壓力，久而久之，書寫的範疇擴大了，思考的面向廣袤了，生活的感悟觸角也細膩了。

同時，除了文字，還會添加一些自拍的照片，讓三件美好小事的書寫越來越像個圖文並茂的小品文系列，大家也相互倣效，越寫越精彩，故事越寫越動人。而在書寫的時光中，大家也進行自省的內在對話，這種每日和內心說話的習慣，眞是書寫之餘意外的收穫。

第四個步驟是「獎賞」

社會心理學家溫蒂・伍德（Wendy Wood）曾說，在某個行爲之後，於記憶留下美好的回憶，會如同正向回饋，讓行爲產生正增強的效果，同時分泌多巴胺，讓你在做完這件事後，感覺滿足或快樂。每天記錄美好的小事，等於每天都在累積「快樂」存摺，每天存一點幸福感，久而久之，會如同滾雪球般，讓你的人生豐盛盈美，遇到生活不如意的時候，就能領出支應。

例如連續二十一天在臉書分享美好的三件小事，無形中，按讚的比例變高了，標註你的人也變多了，感覺好像一群人都在從事美好的正能量運動，甚至還有許多人留言鼓勵你。善意如磁吸效應，越來越多夥伴投入，你激勵別人，別人也激勵你。記錄美好的三件小事，讓大腦好像也會在晨起和睡前啓動獎賞模式，不斷想起今日發生的閃亮又美好的時光，果眞是歲月靜美、現世安穩。

利用《原子習慣》提到的「精通習慣由重複開始，而非完美」這個概念，我在建立正向思維這件事情上開始輕鬆達標。習慣的養成的確取決於頻率，透過不斷重複，讓行爲漸漸自動化，就能更有效率地執行新行爲。

自從建立記錄美好事物的習慣之後，我發現一天不只三件美好的小事可以分享。有天我察覺，一天可能有六件、十件好事不斷湧進心海，於是我猛然發現，心態決定我們的幸福程度，無論是積極向前，或是緩步前進，都是人生的累積；無論是安靜沉思，或是歡笑高歌，都是生活的豐富多元情韻。美好無所不在，戴著「發現善意」的濾鏡，你就能把美好拓印在日常的扉頁裡。

Part 2

原子習慣的教學實踐

用對方法，面對學習就不必動用鋼鐵心。
只要能找到關鍵與訣竅，認真實踐，
微小的改變也能讓課室學習產生複利效應。

如何將提示、渴望、回應、獎賞四大魔法用在課堂上？

新學期的開始，學生不僅要重新適應學校作息，心情也因長假結束起伏不定，注意力缺失。如何利用一個能建立好習慣的環境，來幫助學生學習呢？

《原子習慣》提到的做法是：想要練習吉他，就把吉他立在客廳中央，讓你可以看到，激發你彈吉他的習慣；想要多喝水，就要在家中不同的地方放置裝滿水的瓶子。因此，新學期想要建立一個學習的環境，就要讓情境觸發習慣的提示，例如，教室的布置是否可以提示學生學習？班級圖書櫃的設置能否讓學生方便拿取書籍？還有布告欄的設計，有每週閱讀主題，可以搭配讀報教育來更換，創造一個學習的強大氣場。看似微小的環境改變，卻能讓學生在充滿學習氛圍的環境中，輕鬆養成學習的習慣。

用對方法，面對學習就不必動用鋼鐵心。只要能找到關鍵與訣竅，認眞實踐，微小的改變也能讓課室學習產生複利效應，一如《原子習慣》提到的：「如滾雪球般，爲你的人生帶來豐碩成果！」

讓「上課了」的提示顯而易見

《原子習慣》提到，習慣迴路的第一步驟是與**提示**連結。「上課了」的提示越明顯，越能讓學生專注於課室學習，這就是所謂的建立上課的儀式感。《三十秒專注力法則》說過，讓精神集中可利用「三聲法」，透過感官轉移，專注在聽覺的集中，不只可消除雜念，也能作爲課程進行前的收心操，利用專注力的訓練，引導學

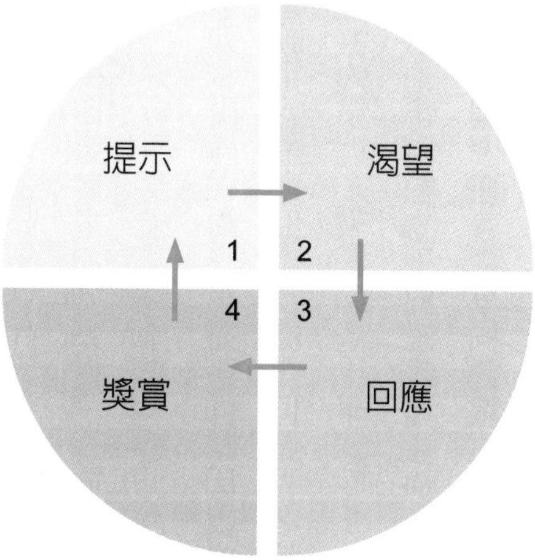

習慣迴路

生進入學習儀式。進行三聲法時，曾意外發現上課環境過於嘈雜容易使人分心，讓教室安靜，改變不友善的環境是當務之急。

還有，我會請學生在課桌上只放置五色筆和筆記本，讓桌上物品簡單不紊亂，以免影響學習的專注。五色筆的作用如下。

- **藍色略讀筆的魔法**：我會請學生先用藍色筆進行略讀標示，先爲重要的關鍵詞或句子進行第一次的閱讀記錄。文本關鍵色＝藍色。
- **紅色重點筆的魔法**：上課時老師強調的重點，用紅筆再次標示圈點，有效增強記憶點，進行學習的重點記錄。文本考點色＝紅色。
- **綠色詰問筆的魔法**：對於研讀的主題若有疑惑，就以綠色筆記錄，針對文本提出的、可能是礙於篇幅沒有完整陳述，或是自己有所質疑的部分進行提問。文本提問色＝綠色。
- **黃色概念筆的魔法**：將過去相關的主題以黃色筆羅列，把知識概念化，從過去到現在，進行知識深度的串接。文本連結色＝黃色。

• **紫色探究筆的魔法：**學習完這個單元的知識後，是不是能把內容畫成視覺圖表？或是能否延伸出相關主題？文本探究色＝紫色。

五色筆的閱讀順序很重要，能夠建立深度學習的策略，透過色彩分類，讓學習由易而難，由單純到複雜。當學習和五色筆連結在一起，專注力會提升，你要不斷變化手上的色筆，與所學知識之間進行思考的串接。每枝筆代表學習的不同區塊，透過顏色爲知識進行色彩提示，輕鬆養成一個接一個的學習步驟。

讓「專注」與「做筆記」變得有吸引力

《原子習慣》把習慣（上課專注）與**渴望**連結，這是習慣迴路的第二步驟。建立新行爲對學生來說如果沒有吸引力，就很難讓他們長期執行。因此，當全班處於專注的氛圍，上課的學習氣場就養起來了。當你想打盹，隔壁同學正處於精神奕奕的心流狀態，無形之中，你也被他／她的態度激勵，進而覺得學習變得有吸引力。身邊有個可以學習的楷模，神遊的同學就能建立專注的習慣。

同時，老師也可以透過不同種類的筆記術，先進行關鍵字句的摘要，例如定義、數據、人名、地名、時間、事件等，培養學生的「摘要」力；接著，讓學生擁有從關鍵知識進行整理、分類的「歸納」力；最後把小知識打包成概念，進行不同觀點的思考，清楚分析觀點與事實後，產生自己的「結論」力。筆記的形式不拘，但必須具備上述幾個區塊與欄位。

讓學生先對學習產生熱情，在**誘因綑綁**的策略下，建立自己的專注力。接著運用**習慣堆疊**，讓學生執行上課做筆記的習慣，學生的學習就會進入以下模式：

讓習慣變得更有吸引力的公式

目前的習慣

↓

需要的習慣

↓

想要的習慣

「做完〔三十秒專注力〕之後，我會執行〔上課專注的行爲〕。」

「做完〔上課專注的行爲〕之後，我會執行〔做筆記〕。」

剛開始，先不管學生的專注可維持幾分鐘，也不管做的筆記完整度有多高。當他們試著把這些動作變成自動化行爲時，就能讓他們開始記錄自己每日專注聽課的時間、做筆記的效率程度，然後觀察數據是否有逐日增加，若有增加就進行記錄，以利累積成設定目標後，進行獎賞。

轉換學習模式，讓專注行爲變得輕而易舉

如何讓學生覺得「專注」這件事輕而易舉，以維持長期專注？《原子習慣》提供了一個策略：**最小努力原則**。讓習慣變得簡單，就算沒有意願也可以執行。例如上課時明確地給學生每階段的學習目標，當他們知道目前要進行的學習表現爲何，就容易專注。大腦通常每十五分鐘就會開始變得注意力不集中，因此要

確實掌握動、靜態的學習方式，在一堂四十五或五十分鐘的課程裡，有意識地導入學習動機，利用生活情境連結學習內容的知識點，有系統地把學習能力逐步加深，讓每個學習單元都能切成更小的單元。在課程邏輯的設計下，像是手遊的闖關打怪，學生不用花太多力氣，就能完成解題。遇到卡關就立即引導，循循善誘，猶如彩蛋增加他的「解題」欲望。你給的學習鷹架要穩固，難度要降低，障礙要變少，學生的專注度就容易提升。

每個新習慣的建立，要從簡單易執行的目標開始，讓學生產生學習的自信就好。剛開始，學生只能專注一分鐘，甚至只拿出筆記本，就是行爲改變的成果，至少比起之前遇到書就秒睡，或是坐著神遊，甚至不小心睡著的情況，都算是進步了。

讓專注行爲的獎賞令學生滿足

習慣迴路的最後一個階段是**獎賞**。如果專注行爲能與獎賞產生連結——讓學生感覺上課時專注學習是美好且讓自己滿足的過程——他們就會不斷複製這個行爲。例如，老師適時且具體的讚美，就是容易令學生滿足的獎勵；還有，放大且聚焦學生的專注行爲，善用隱惡揚善的機制，營造上課人人專注是班級與眾不同的學習特質，並建立專注力的榮譽感。只要是在班級秩序的允許下，可以多多正面強化學生的學習行爲，而非負面貶抑他們的學習缺失。

有時候，獎賞代幣也能鼓勵學生的正向學習行爲。可以和學生討論獎賞的機制，門檻也不用太高，甚至不一定要是眞實物質的回饋，例如可以在學習態度上加分、作業可以減少分量，甚至學生上課時切實學會的知識、技能、

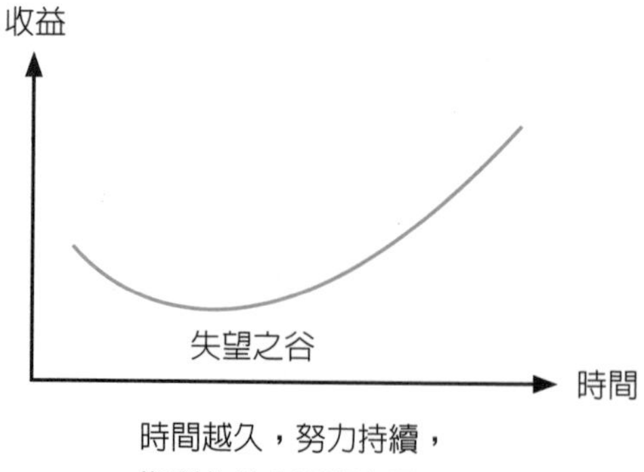

時間越久，努力持續，
複利效益會漸漸出現。

態度，都足以讓紙筆評量的次數降低。如果全班專注學習、目標超前，就可以調整學習內容，進行學生喜歡的激勵活動，讓正向行爲在未來的課堂上更輕鬆地達標。

我們會在乎走一萬步，還是會在意健康？我們會在乎用教學策略達成教學目標，還是會在乎學生的學習興趣與能力？當學生開始在乎學習的專注，成績自然進步；當他展開好奇心，就懂得批判性思考的重要性。透過《原子習慣》的**提示**、**渴望**、**回應**、**獎賞**四大魔法，不只讓課室教學走向以學生爲主體，啓動學習熱情和動機，也能在日常訓練專注與做筆記的習慣，實現樂教愛學的課室風景。

新學期需要一張手繪名片刷儀式感

《原子習慣》提到，**行爲改變的第一條法則，是讓提示顯而易見**。我記得中學時代，母親早上都會比我們早起三十分鐘，起床梳洗後的下一個動作就是煮熱開水；開水煮滾後，放半小時，慢慢變涼，溫溫的不燙口，好像是母親帶給我們一天能量的儀式。上課時，喝著母親幫我們裝進壺內的溫水，就感覺媽媽在爲我們的學習加分。心情好的時候，喝著溫水，快樂是加倍的；心情不好的時候，喝著溫水，煩惱是減半的。

到底是什麼動力，讓母親即使寒流來襲，仍願意提早離開被窩，爲我們煮水呢？我用了《原子習慣》的習慣形成四步驟來探究原因。

1. 提示	2. 渴望	3. 回應	4. 獎賞
母親起床。	母親想要為子女付出。	煮了熱開水。	母親滿足了為子女付出的渴望，煮水和起床連結在一起。
我拿到水瓶。	我想要努力學習。	我喝了溫水瓶的水。	我滿足了努力學習的渴望，拿到水瓶，養成喝水習慣。

其實，母親透過爲子女煮水的習慣，建立一日之初始的儀式感，一如《小王子》提到的：「它就是使某一天與其他日子不同，使某一時刻與其他時刻不同。」因此，我對課室的經營，也很重視建立初始的儀式感。例如每學期第一節上課，我會借用日劇《名片遊戲》的方式，作爲新課程的破冰儀式，讓學生對這堂課產生一種重新開始的身分認同感。

透過名片遊戲，讓學生建立身分認同

以前每帶一個全新的班級，常常困在如何讓第一次見面的氛圍變得活絡，讓同學們多認識彼此，甚至建立一個互助合作的網絡。只可惜，方法試過幾個，情況卻似乎不見好轉——有時是大家超尷尬地互望，有時是沒人要拿起麥克風自我介紹，只好由我獨撐全場，最後還是以冷場說再見。

這樣的第一堂課讓人覺得很沮喪，印證了：夢想很豐滿，現實很骨感。

後來在研習場域遇到吳昌諭老師，他神奇地用一張白紙，簡單幾個步驟，就讓全場老師嗨翻天，帶出不一樣的上課儀式。

他的做法讓我想起《原子習慣》適用於任何領域的行爲改變四法則，其中的第一個法則就是**讓提示顯而易見**。如何讓孩子定位自己，用一張名片寫下自己是誰，向別人好好介紹自己——第一堂課用名片遊戲的方式來製造儀式感，應該是可行的身分認同。

不一樣的上課儀式：Song你一張名片，請和我做朋友

透過名片遊戲創造儀式感與身分認同的步驟如下。

一、提示：上課前，我先把不同顏色的A4紙對裁，並準備好一盒彩筆，播放大自然音樂，讓環境變得溫馨友善→**養一個學習環境的氣場**。

二、上課時，孩子們魚貫而入，事先分配好座位，一組四人，不同班級、性別，讓他們透過名片破冰，從陌生到熟悉，成為閱讀新夥伴圈→**透過分組學習，因為同儕共學的動力，讓閱讀習慣變得有吸引力**。

三、接著，透過簡報及個人名片示範，請學生拿起彩筆，在紙上依序寫下三項重要資訊：

1. 寫下名字：父母為你命名時的美麗心情，透過字體表現自己對名字的想像。
2. 畫下三個圖案：學生喜歡以圖像代替文字，圖像可以用諧音法，強化自己名字的意象；也可以用譬喻法，以圖案代表文字傳遞的意義與情感。

3. 寫下金句：金句代表你的做事方針或個人信念，例如我特別喜歡《零秒出手》說的：「如果鍥而不捨地持續相信下去的話，或許就能看見只有堅信到底的人才能看到的那閃閃發亮的東西。」

→**這裡運用回應法則，將寫姓名卡片的步驟簡單化，讓行動變得輕而易舉。**

四、一見鍾情自我介紹：完成個人名片，接著就是一見鍾情時間。你可以找一個想放心與他分享自己名字故事的夥伴，兩兩一組，從介紹自己名字的由來、寓意、金句，到傾聽他人名片的故事，然後把對方的名字記在心裡，收下他的名片，並給予一個祝福或鼓勵。

五、紅點貼紙時間：協助夥伴把名片貼到空白人脈牆面上，並向他人介紹自己的夥伴，讓班上同學更認識對方。接著是三分鐘自由安靜閱讀人脈牆的時間，請每個同學把發放到手上的紅點貼紙貼在自己最喜歡的一張名片上，用紅點貼紙表示自己內心的欣賞→**透過發表，讓學生因為被同儕的言語、肢體動作鼓舞，因為得到這樣的獎賞，而覺得身分被認同，進而感覺到滿足。**

習慣是從生活的種種系統形塑而成，小小的破冰活動，讓學生透過一張名片開始行銷自己，動手建立自己的人脈資產，並善用自製名片登上友誼的舞臺。原來，名片讓你交到朋友，還可以讓你成爲人氣王。從提示到獎賞，也讓學生對這堂課及自己的身分產生認同感。名片代表的不只是頭銜，還有自己對名字與人生想像的連結。

在課程進行中，我也善用獎賞機制，針對孩子的學習表現給予實質獎勵：「你的名片超漂亮，眞是太有創意了！未來有機會變成紅點大賞的設計師。」這時候，學生竟又拿起畫筆，補了幾筆，寫了幾個字。當你懂得賞識孩子，孩子也開始看重自己。課後學生跑來向我道謝，並告訴我，自己原本是不小心選修這堂課，現在因爲這個不小心，開始期待未來美麗邂逅的十九節課了。

《原子習慣》提醒我的是，重點不是做目標達成者，而是要讓習慣持續；而要讓習慣持續，還是要善用「**身分認同**」——相信自己可以，眞的是種正向能量。當我們往別人身上貼正向的身分標籤時，一如貴人貼在我身上的「怡慧老師，你很棒」，它猶如「讚美魔法」，讓人即使遇到困難，也覺得自己有能力突破與達成。因此，我不再說些言不及義的形容詞，而是認眞觀察學生與課堂學習相關，且做得很好的「實績」：「你的發現很有觀察力。」「你的譬喻使用超級有聯想力。」「你的閱讀習慣眞好，會畫出金句。」從認眞觀察、相互賞識的師生互動，以及爲對方身分背書的誠意，都能讓彼此更理解對方的期待。

過去死氣沉沉的課堂，透過一個建立上課儀式感的簡單遊戲，讓孩子們從羞澀靦腆到侃侃而談。他們大方爲夥伴拉票、行銷名片的可愛模樣，讓我體會到：其實課程的設計要從學生的需要開始。

從學生的課堂表現，我看到教與學之間的距離拉近了；而原子習慣的四個法則讓我明白了，學習的奧義原來就從這四個步驟來進行。

從習慣到精通

「菜市仔凱」李智凱在東京奧運奪牌時，和教練林育信一個擁抱的畫面，相信感動了不少觀者的心。一段長達二十年的師生情誼，多少歲月的心血都在那一個深情的擁抱裡，道盡李智凱對恩師「嚴教不放手」的感謝。

李智凱除了眞心熱愛體操這項運動外，也透過自動化地訓練自己，不斷刻意練習，造就了熟練到完美、完美到極致的境界。李智凱說：「謝謝自己選擇體操，也謝謝自己一直以來都沒有放棄體操。」爲了臺上的短短一分鐘，他日復一日苦練了二十年。

原子習慣提到生物決定論的短視近利，強調基因決定的不是你的命運，而是你在哪個領域會有機會。如何把努力引導到自己擅長的天賦或領域，讓自己的企圖心與能力一致？林育信教練說，智凱並不是當時最有天分、成績最好的孩子，但他始終是最自律、最努力的那個。李智凱知道體操是他可能出人頭地的領域，無須和他人比較，配合自己的性格與天賦，打造了不斷練習且進步的習慣。

找到自己的賽場，辨認出適合自己的習慣

李智凱選擇了最適合自己的體操項目，在練習中找到有效適性的方式。那麼，該如何找到對自己有利的領域，辨認出適合自己的機會與習慣呢？我們可以從發散到聚斂，最後精準練習，進行以下三個時期的自我探尋：

	試探開發期	最佳方案期	持續試探及開發期	良性循環
一般人	多方約會、博雅課程	找到命定之人、找出有效策略去開發	成功之外的N種可能	機會找上門
李智凱	體操、棒球、讀書或其他領域	專注體操項目：每天照著課表訓練、復健、重訓、身心調適		
閱讀	廣泛接觸 興趣閱讀	策略精進 能力閱讀	閱讀生活 生活閱讀	

找到對自己有利的賽場後，從建立習慣到成爲精通的專業人士，還是取決於**讓習慣變得簡單，容易執行**。一如李智凱不經思考地在鞍馬上做出分腿擺盪的「湯瑪士迴旋」，這就是從習慣到精通，習慣專注於練習的當下的實例。他即使閉上眼睛，也能在充滿變數的環境裡正常發揮，取得成功。

因此，我也透過**讓習慣變得輕而易學**的方式來推動閱讀習慣，將韓國閱讀教育開發院院長南美英博士提倡的「晨讀十分鐘」，運用到校園閱讀的推廣，讓學生因爲這件事容易執行而願意不斷重複，行爲就能變得自動化。這樣做也會讓學生體驗到長期累積、增強作用的神奇效果，因爲每重複一個行爲，就活化了與習慣相關的神經迴路。

我這樣讓學生建立晨間閱讀習慣

晨間閱讀這件事，彷彿是無聲的詩篇，長期累積師生一起晨讀的時光，讓幸福閱讀的涓流，淌入廣袤的閱讀海洋。

當清晨的陽光從窗櫺灑下，教室裡的氛圍沒有喧囂煩悶，晨讀彷彿是用另類的方式迎接學生的到來——用閱讀與最初始的心靈對話，用閱讀啟動一天學習的動力與熱情。孩子們在教室裡，臉龐因安靜閱讀而閃閃發光，讓課室一早就盈滿學習的芳馨。

晨讀，很簡單！只要從「師生一起來、每天不間斷、從自己喜歡的書開始、只要讀就好」四大原則做起，就能體驗到「從早閱讀趣」的欣喜。

這四個簡單的原則，也符合《原子習慣》提到的**習慣頻率**、**重於實踐**、**找到有效方法**等。晨讀的推廣，果眞能讓閱讀行動變得輕而易舉。

分享幾個推廣晨讀習慣的執行步驟。

步驟一：沒有壓力的閱讀

改變，從早上開始。在升學壓力下，中學生在小學階段培養的閱讀興趣被迫暫緩，閱讀對中學生而言，是件奢侈又困難的事。因此，早自習考試取消後，可以讓學生帶一本喜歡的書籍來學校閱讀，這件事讓學習和閱讀習慣變得簡單，孩子們能夠告訴自己：「我可以閱讀，我是閱讀者。」這樣的行爲認同十分重要。

步驟二：十分鐘的學習暖身

將「晨讀十分鐘」定義爲一日學習的暖身運動。在開啓一日的學習之前，請學生先把書拿出來，出發點就是讓閱讀的動機變得容易，讓孩子感受到同班同學，甚至連老師都對閱讀有熱愛與渴望，感受到閱讀是日常的簡單習慣，讓他們透過晨讀找到終身學習的鑰匙。晨讀並非只做容易的事，而是做長期累積會有成果的事，享受因晨讀累積而來的眞眞實實、不能切割的閱讀幸福。

步驟三：晨讀讓學習環境改變

「老師，明天可不可以再給我們十分鐘？」

「老師，可不可以從十分鐘延長成二十分鐘？」

閱讀不只是熱情或興趣而已，我們當然知道它還牽涉到詞彙量、理解力、歸納統整力、邏輯推理力、批判思考力、解決問題力，而這需要逐步累積與指導。

但晨讀十分鐘先讓學生跳脫升學壓力與考試的囚籠，在素養教學時代，透過晨間閱讀的習慣，從被動接收的量化閱讀，走向多元適性的質化閱讀。生命不應只困在記誦詰屈聱牙的文字上，而是要懂得倚在知識的磚砌拱門邊，瀏覽大片知識的瑰麗風景。

步驟四：以身作則的晨讀習慣

有些師長或父母要求孩子閱讀，自己卻不閱讀。要養成一個好習慣，師長父母的身教其實很重要。這是在建立習慣的吸引力，讓還在摸索的孩子知道，我喜歡的師長和家人也在閱讀。

晨讀十分鐘帶來的習慣改變，不是白紙黑字的政令宣導而已。孩子由十分鐘的閱讀開始，從閱讀中發現問題，期待與同儕或父母聊書，一起找到解決問題之道，甚至願意「以書會友」，也就是用一本書來和別人交換話題，成爲交朋友的渠道。

改變心態的焦點永遠都要放在成爲某一種人，而非得到某一種成果。晨讀就是單純讓學生爲自己**貼上閱讀者的標籤**，而非要求他們競逐閱讀的數量。

步驟五：晨讀十分鐘讓孩子釋放壓力

晨讀創造了一個讓閱讀習慣盡可能輕而易舉養成的環境。當孩子在和壓力周旋，懂得轉彎、放下時，我才明白晨讀十分鐘讓孩子學習到的不是複雜的訓練，而是回歸閱讀最單純的方式，找到學習的樂趣，讓打開一本書變成帶著走的習慣。

步驟六：舉辦晨讀分享會

每學期我都會邀請班上孩子舉辦晨讀分享會，讓學生分享在不同時期晨讀的心得、收穫，看看自己是否變得更專注於閱讀、是否更容易與作者對話。最後會把書籍包裝成彩蛋，當成禮物送給孩子，甚至播放相關的閱讀行動力影片，讓學生思考晨讀之後如何展現不一樣的閱讀實踐能力，並對每日的十分鐘閱讀留下更深刻的生命記憶。

早晨從閱讀開始，成爲師生養成閱讀習慣的發軔。晨讀不再是沉悶的學習，而是有自由閱讀的快意與想像世界的詩意。孩子不再以惺忪睡眼迎接一日之始，不再以病懨懨的面容面對一日之始，在市聲鼎沸、人事擾攘之間，找尋到一方清淨的空間，用明快的文字收整紛亂的情緒，用抒情浪漫的詩句救贖瘡瘢的性靈。晨讀是最美麗的學習初始，我們師生都願意成爲代言人，告訴大家，晨讀讓我們看懂幸福時光在身邊的事實，更願意繼續分享晨讀十分鐘爲自己帶來的更幸福的改變。

如果每次晨讀都是一場幸福的旅行，那我想告訴大家，關於晨讀的旅行記憶會保留孩子與書一日對話的細節和自我探尋的故事，而晨讀也成爲我推廣閱讀生涯中最驚豔又絢麗的生命連結。

遠距教學怎麼教？

——利用原子習慣建立線上課堂的儀式感，活絡師生互動

新冠肺炎疫情全球肆虐，大家被迫改變原有的學習、工作、生活型態，臺灣的教學現場當然受其影響，其中停課不停學的政策，讓所有老師、學生、家長「瞬間」走進遠距學習的時代，每個老師都開始學習不同的線上平臺與教學工具、下載各式輔助軟體。當然，我們可以把這些酸甜苦辣都當作累積未來終身學習的能力，不過當疫情漸緩，又要立刻做好調整成實體課程的準備，還有後來的線上實體的混成教學，我看到現場老師眼中的緊張神色，以及不斷調整教學模式的疲憊。

《原子習慣》提到一個很重要的觀念：**維持動力並達到欲望最高點的關鍵，就是執行難度恰到好處的任務**。大腦是喜歡挑戰的，但難度必須要在理想範圍內，也就是把設定好的難度當成一個勢均力敵的對手，這便是書中提及的「**金髮**

女孩原則」。從事一項活動，全然沉浸其中，進入專注的狀態，才能讓自己持續進步。因此，我先盤點自己目前的線上課程設備是否已經全部到位，以及線上教學有哪些步驟、流程，我可以如何運用學生渴望新鮮感的程度，與他們一起完成遠距教學這個改變。

此外，我擔心目標設定得太大，容易半途而廢，於是採用《原子習慣》的觀念：**由重複開始，而非追求完美，找到持續去做的動力**。

我運用暢銷作家梅爾·羅賓斯（Mel Robbins）的「五秒法則」，深呼吸之後，倒數「五、四、三、二、一」，然後就投入教學現場，認眞去做就對了。每個老師都在適應與摸索中前進，學生也在試探老師線上教學的底線，這不只是資訊能力的實戰考驗，更是老師與學生面對疫情、境隨心轉的心理抗壓度測試。

我的五步驟線上教學模式

每天戰戰兢兢地備課、授課、修正，在線上課程進行四週、完授之後，我藉由自學摸索，以及向神人教師請教，發展出屬於自己的五步驟線上教學模式。

第一步：「名正言順」提示法，創造上課的儀式感

面對遠距教學，第一件事不是選擇要直播或錄製課程，而是建立一個線上課堂的儀式感，也就是「名正言順」上課了。因此，我開啓線上授課的標準程序，是透過下面這張照片提示學生，線上模式與實體授課模式不同，也即時提醒學生：現在要開始上課了。

學生進入線上課程後，可以在播放上課鈴聲時同步到上

怡慧老師課堂
1.上課前記得關閉麥克風
2.留言區點名，記得+1
3.回答問題時，打開麥克風
隨堂測驗放輕鬆，即時專注
Follow
4.分組討論時，記得使用便利貼
5.作業記得依照截止日期繳交

透過這張照片提醒學生：現在要開始上課了。

課留言區+1，或是在Google表單上簽到，甚至是在Jamboard便利貼即時點名，這都是讓老師知道學生都在線上了，才能讓接下來的上課變得「名正言順」。

像這樣，讓學生在進入線上課前進行「名正言順」的點名儀式，就完成了線上課程啓動的第一步：提示。

第二步：「順水推舟」順便法，建立課堂秩序感

線上課程的學習需要協助學生做到自律，因此，我透過**習慣綑綁**的概念，讓「順水推舟」成爲線上教學的特色。例如上課前，我會針對今日教學單元、教學模式、評量方式（隨時抽問、分組互動的連結），進行條列式的布達，讓整體運課有秩序感，不至於讓學生因不理解上課環節，而無法跟上上課的步驟或形式。

此外，線上課程大多會採用提問教學、合作學習等模式，因此，我會讓學生熟習我的提問四步驟——先利用生活情境提問，讓學生習慣發言；再請同學快讀文本內容，並針對文本內容的事實問題發問，讓學生順便進行訊息擷取；接著進行歸納問題的圖像思考，讓學生把碎裂的知識打包成概念知識，進行比較與歸

納；最後就是論辯性問題，會使用到T型圖，進行正反意見的論述，讓正反方從事實推演出結論，並以自己的生活經驗或其他古今中外的事例舉證。

習慣的綑綁讓師生建立線上課程的自動化流程，學生可以清楚理解接下來的步驟，也比較能專注在老師提出的問題，讓課程進行得更順暢。例如先在課堂訊息發布每堂課的流程，還有要事先做好的功課，讓學生遵守且提前閱讀；請學生聽課時關上麥克風，回答時打開麥克風，每次回答都根據事實歸納出理由，做出結論，在三十秒到一分鐘之間完成回覆，也給其他同學一個安靜且專注的聆聽環境。

第三步：「順理成章」簡單法，規畫區塊學習

在線上進行每日課程單元時，可以利用番茄鐘工作模式，將整個單元切成三部分，才不會超過學生的身心負荷量。

一、我會選擇在學生專注力最高的時候，講述重要的知識點，而且會盡量將十五分鐘再細切成每三分鐘總結一個概念，每三分鐘產出一個小成果，

每三分鐘確認學生是否全盤理解與吸收課程內容了，同時，每三分鐘追蹤一次學生是否跟上課程的進度。

二、我會在大家專注力快潰散時進行小活動，來激勵學生的學習動機。同時運用遊戲化教學，讓他們能在限定時間內完成任務。

三、不定時抽問，讓學生因不確定而覺得刺激；還會給出彩蛋問題，讓學生可以減少評量或作業的分量。

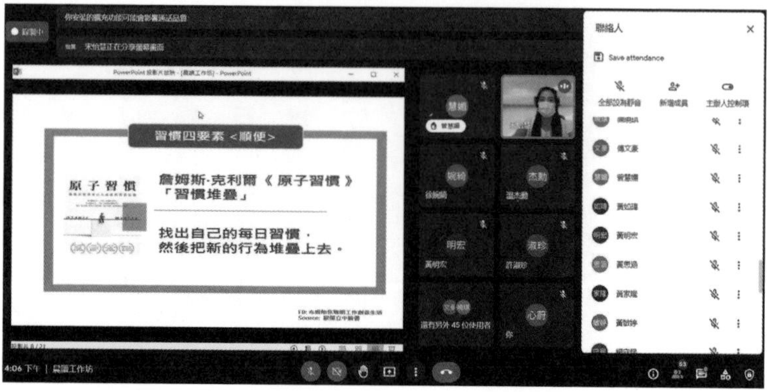

第四步：「順水人情」獎勵法，即時表揚學生

評量是觀察學生學習成果很重要的環節。每堂課程結束之後，我會透過課室分組討論的機制，輔以多元評量的試題設計，觀察與輔導學習落後的孩子。線上評量的優勢是可以同步分享優秀同學繳交的作品，讓學生見賢思齊，提高他們對多元評量的重視程度。而針對答對率低的同學，我會刻意在課堂上進行多種互動，甚至把問題難度降低，讓他們不至於變成邊緣人。

好的評量結果也會給學生帶來正面激勵，因此，我會不定時在單元的前中後提供彩蛋加分題，提高學生對學習的興趣。

或是在學生回答時，適時與之互動，不被原本設定的教學進度綁住，甚至不斷追問細節，激發學

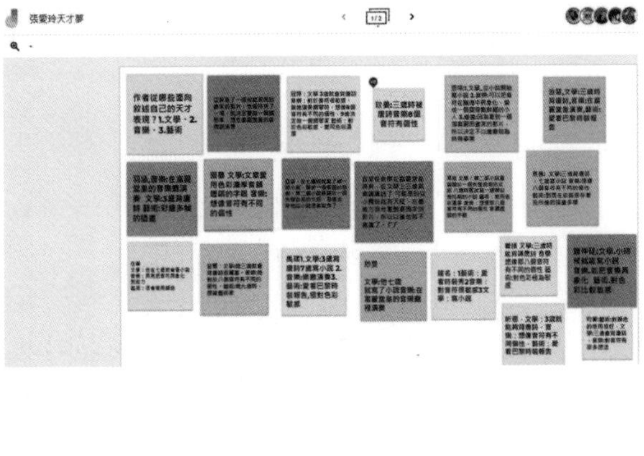

生的好奇心，讓學生樂於發表自己的看法，且積極參與各項討論並同步回饋。最重要的是，我會即時獎勵學生在線上課的優異表現，讓他學習單少寫幾題（因爲他立即就學會了），或是可以減少當次線上評量。透過獎賞，讓學生立即得到回饋，也就容易維持線上學習的專注力。

第五步：「順天應人」同儕法，讓學生彼此激勵

前面四個步驟是將《原子習慣》提到的習慣迴路轉化成線上課程的操作模式，讓學生透過「提示、順便、簡單、獎勵」這四個方法，建立線上自學與遠距教學的習慣。

我另外加入了自己創發的一個步驟，來增加線上課程的穩定度。這個第五步「順天應人」同儕法讓線上學習變得有吸引力，運用的是《原子習慣》書中提到的概念：**讓家人或朋友形塑你的習慣**。做法是讓學生加入異質性的小組，透過線上分組，由學習優異的小組長協助小團體進行課程討論，老師再遊走不同的分組討論室，緊盯學生回饋的內容，適時給予反饋與課程補充。

像這樣在課堂上透過同儕相互鼓勵，找到線上學習的歸屬感，並利用分組競賽，讓學生彼此提供創意或祕訣，可以引發孩子們的學習動機。有小組內熱情的同學相互激勵，學生能夠立即解惑，並獲得正向鼓勵，線上課程於是變得更有吸引力了，好像只要勇敢加入，就會很有收穫。

這個步驟其實是以學生爲主體，讓課程的主角變成學生，每次上課的結果也成

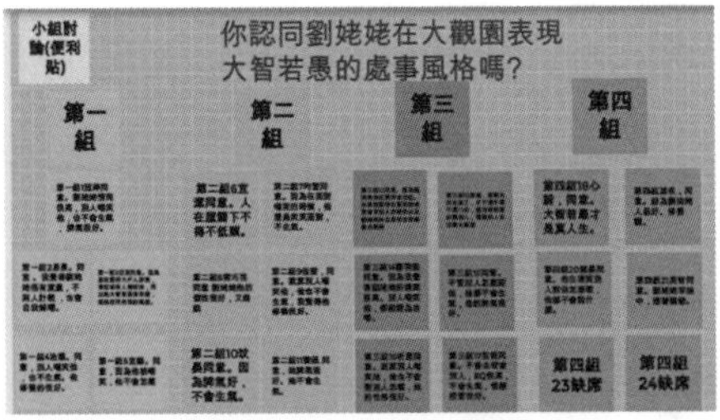

分組討論，激發線上學習的動機與歸屬感。

老師遊走不同討論室，適時提供反饋與課程補充。

爲下堂課重新思考課程設計的起點。

讓學生不因線上課程而放鬆

線上課程常會有突發狀況，同步考驗老師的機智，例如學生的設備或網路發生問題，或是家中有突發狀況（例如學生在回答問題時，剛好有外送員按門鈴），甚至有人突然退出課堂連結，多少都會影響設定好的課程進度。這些意外的插曲，反而能考驗老師的應變能力，例如可以讓無法即時上課的學生藉由影片補課或進行個別課程諮詢，展現老師「順天應人」的高EQ。

我這個原本對遠距教學陌生的語文老師，透過《原子習慣》找到了線上教學的訣竅，不用緊盯每個學生的學習進度，學生也不會因線上課程而有所放鬆，因爲前面提到的五個步驟讓孩子們了解：每堂課老師都是玩眞的。

回顧自己在遠距教學的成長與躍進，也要感謝學生對課程保持的好奇心與新鮮感，讓我有機會和他們一起提升自主學習的實踐和數位科技能力。

謝謝缺課率很低的學生，讓我不至於面對N個黑螢幕自言自語。他們每天給我的「早安」、「謝謝老師」、「老師辛苦了」等問候，讓我得以在遠距教學的旅程中穩定前進，看見有光的教學前程。

讓閱讀變簡單

——從《梨泰院Class》開啓熱血閱讀之路

如果說，閱讀本身像走在一座迷宮裡，每個人依著自己訂定的座標，就能找到理解自己和世界的方式，那麼，我們該如何指導孩子選書呢？圖書館教育最難的是進行讀者與書籍的配對，青少年如果沒有遇見他／她的命定之書，就很難踏出愛上閱讀的第一步。

我們希望讓孩子透過閱讀注入多元嶄新的觀點，更加認識世界、同理人情，將閱讀的能量轉化成自主學習的熱情與好奇心，甚至內化成人生價值，用於待人處世，讓閱讀力變成帶著走的能力。而《原子習慣》提到，**每次重複一個行爲，你就活化了跟那個習慣有關的神經迴路**。這個概念讓我意識到，「重複執行」是讓學生養成習慣的重要關鍵。如何讓一個人不用思考步驟，就能執行某個行爲，讓它變得自動化？我任教的丹鳳高中設計了一款APP，叫「D-iBook」選書師，利用一套智慧選書系統，整合讀寫、說書平臺，把學生喜歡的科技與遊戲元素融入圖書館與閱讀教育，讓學生在自主學習時間，可以使用平臺找到多元適性的書籍來探究、自學。這個平臺刻意選用青少年喜歡的視覺化、動漫風設計元素，以星座、興趣分類，進行大數據選書，並加入直播系統、選書推薦、線上讀書會、文青寫作版等，讓這個選書師ＡＰＰ成爲學生閱讀的好幫手——不喜歡讀，我們有大師說書直播；不知道要讀什麼書，透過後臺大數據的整理，推薦你適合的書籍。

因此在推動閱讀時，透過科技的協助，我得以有系統、有策略地爲學生搭建完整的閱讀系譜——從文學到非文學，從經典文學到流行暢銷，從線性到非線性文本；從安頓身心、自我對話，再到天賦自由、人際互動，最後找到立足優勢，接軌世界。我希望讓他們養成持續閱讀的習慣，才能有機會在ＡＩ時代脫穎而出。

運用最小努力原則，爲閱讀習慣撐腰

許多老師都希望自己的課堂能透過教學方式的改變，帶起學生對學習的好奇與探索。遊戲化、做中學、體驗式的課堂，的確容易激發學生的學習動機，因此，嘗試跳脫傳統思維來授課，讓各種不同元素走進課室，有機會讓閱讀寫作課程變得有趣、有用、有情。我試著讓課堂先標準化，再邁向最佳化。

我在備課時最常思考的是：如何透過課室教學培養學生的閱讀習慣，或是讓他們理解透過閱讀來學習未知事物、解決問題有多美好？

但是，學生對於主動閱讀經常興趣缺缺。想和青少年談閱讀，往往是難上加難，不過《梨泰院Class》這齣青春熱血劇，倒讓我對閱讀的思考角度變得不一樣。

我發現，我可以運用**最小努力原則**，讓閱讀變得簡單、容易執行。例如，我可以讓學生先讀報，而非讀書，或是先閱讀廣告文宣，而非經典，讓他們從簡單的任務開始。讀報時先讀標題，標出一個關鍵句，並針對這篇新聞做出一句結論；完成後，請他們爲閱讀習慣卡貼上一個標籤，代表閱讀任務完成，讓閱讀變成一件非常容易的事。

《梨泰院Class》有句話讓我印象深刻：「看似重複的日常，其實沒有人知道明天會發生什麼，沒有一天是顯而易見的。雖然日子辛苦，但活著總會發生有趣的事。」閱讀看似只是一個不斷重複進行的行為，但每天兩分鐘，一年是七百分鐘，十年就是七千分鐘，不斷累積，你就能從兩分鐘認識每一本好書。

或許，讓行動變得簡單、容易執行，也是每個閱讀推廣者可以運用的思維。讀完一本書不一定要埋頭寫心得，以唱一首歌、跳一支舞來代表讀後感，難道不是很有創意且有趣的做法嗎？

透過牌卡遊戲，找到人生之書

《梨泰院Class》是周遭學生火熱談論的一齣戲，表面上是年輕男子的復仇奮進之路，事實上是重燃希望與熱情、賺人眼淚的人生寫實。我常想，年輕的我即使一無所有，卻在書中看見其他的世界，獲得努力「闖關晉級」的勇氣——閱讀帶給我的影響如此重大與深遠，我該如何把閱讀的經驗移轉到學生身上？

「就算我生來一無所有，但我想擁有的東西很多。」聽見男主角說出這句話，我內心最柔軟的部分被觸動了。如果，閱讀和青春熱血劇變成課程的一部分，學生會不會比較願意買單？

《梨泰院 Class》的男主角朴世路是務實的人，上天關了他的希望之門，他自己打開勇氣之窗。他沒有自怨自艾，反而說出：「你不要決定我的價值，我的人生才剛要開始，我要做所有想做的事！」他說過的臺詞句句經典，激勵人心，十分值得製作成金句庫。而形象鮮明的女主角趙以瑞，一反傻白甜偶像劇的女主形象，反而吸引中二特質的青少年跟風追隨。

我先運用學校自製的選書師系統，讓學生自行選擇要變成玩家或買家。活動從線上到實體書卡，同學在買與賣之間，不斷使用行銷話術，讓活動進行得十分熱絡，直到活動停止，大家還是欲罷不能，大呼玩得過癮。

之後，我深化了選書師遊戲的創意，結合閱讀寫作課程，設計了「勇闖梨泰院：人生之書」課程。學生不只先從線上找到自己的命定之書，還透過牌卡桌遊的形式，幫《梨泰院Class》的男女主角製作書卡，完成人生闖關打怪的實作。

這個課程同樣也應用了《原子習慣》裡的概念，進行的步驟與成果如下：

步驟一：書籍卡認領（減低阻力，增加習慣間的步驟性）

我先把一些暢銷書的書名、內容簡介，簡單設計到牌卡內，讓學生各自認領與自己相關，或是有興趣、想閱讀的三張書籍卡。這樣做可以讓推薦書籍這件事的困難度降低。

步驟二：填寫牌卡人設（打造環境，讓行動容易執行）

每組學生拿出兩張人物卡，閱讀男女主角的金句後，設定男主角或女主角可能就讀的科別，以及他／她的興趣、閱讀書類，為男女主角填寫基本資料。

學生通常不喜歡寫作，藉由填寫牌卡人設，他們必須透過推論寫下有效線索。這不只可以訓練學生閱讀的邏輯，也能讓他們在無痛的遊戲氛圍中，完成閱讀和寫作的任務。

「以書會友」書籍卡

文學小說

少女的祈禱

陳雪／圓神

小說家陳雪最動人的自傳式散文，從夜市小販、超級業務員，到專業小說家之路，一步一步，被凍結在衣櫥裡驚惶的女孩終於走出黑暗，成為一個說故事的人。

文學小說

不便利的便利店

金浩然／寂寞

韓國年度最受歡迎小說，艱難時刻的光亮之書！人生就是會有很多不便利、不舒服，這間有點慘澹的便利店，卻為我們撐起了閃閃發光的空間……

心靈勵志

獨立鍛造

一生受益的自我心理學，
重新領悟生命八大任務，邁向圓滿

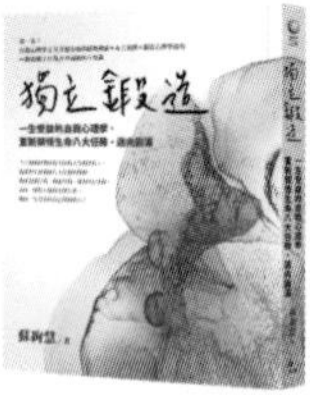

蘇絢慧／究竟

自我心理學之父艾瑞克森的經典理論＋本土案例＋新近心理學技巧＝鍛造獨立自我不可或缺的八堂課！

心靈勵志

暢銷百萬的德國心理課

寫給在工作、愛情和人際關係中掙扎的你

福爾克．齊茲、曼努埃．涂煦／先覺

誰的心裡沒點問題？讀懂內心戲、破解相處障礙，51 個令人著迷的心理實驗，幫助你面對職場、伴侶、各種人際關係和身邊的大小事，有時甚至還能救你一命！

•男主角選單金句：

金句1：「就算我生來一無所有，但我想擁有的東西很多。」

金句2：「我會做盡所有需要的事。你不要決定我的價值，我的人生才剛要開始，我要做所有我想做的事。」

金句3：「若有人願意接受最差的你，他就值得最好的你。」

金句4：「若起初就認定不會成功，那還能做什麼？當然要先做了再說啊！」

金句5：「我所認爲的強大是來自於人，那些人的信賴會讓我更加堅定。」

•女主角選單金句：

金句1：「因爲我太優秀了，愛情跟成功我都能擁有！」

金句2：「人生就是一連串的選擇，引導你走向符合自己價值觀的結果，那個叫作好選擇或正確選擇。」

金句3：「即使把我困在幽深的黑暗裡，我也是一顆獨自閃耀的石頭。」
金句4：「喜歡你是我的心意、我的權利。」
金句5：「我不會依靠別人的夢想，也不會背負媽媽你的夢想，我自己決定的生活就是我的人生。」

步驟三：限時兩分鐘，完成書籍卡分組（運用兩分鐘法則）

學生根據事先選取的書籍卡所屬類別（文學小說、心靈勵志、人文史地、商業理財等），找到同組夥伴，並依照暢銷、流行、經典等元素，每類書卡都以兩分鐘爲限，從圖書館內選取一本書，進行五小組十五類牌卡的製作，協助男女主角找到勇闖梨泰院的「人生之書」。這個關卡設計突破了學生不願意到圖書館找書、尋書的問題，讓他們發現館內書籍不只新穎，而且有趣有哏。

步驟四：推銷勇闖人生書籍卡（創造一個動機儀式）

先由五組學生的其中一組當東家，打出人物卡，然後由其他四組同學根據手

人物卡

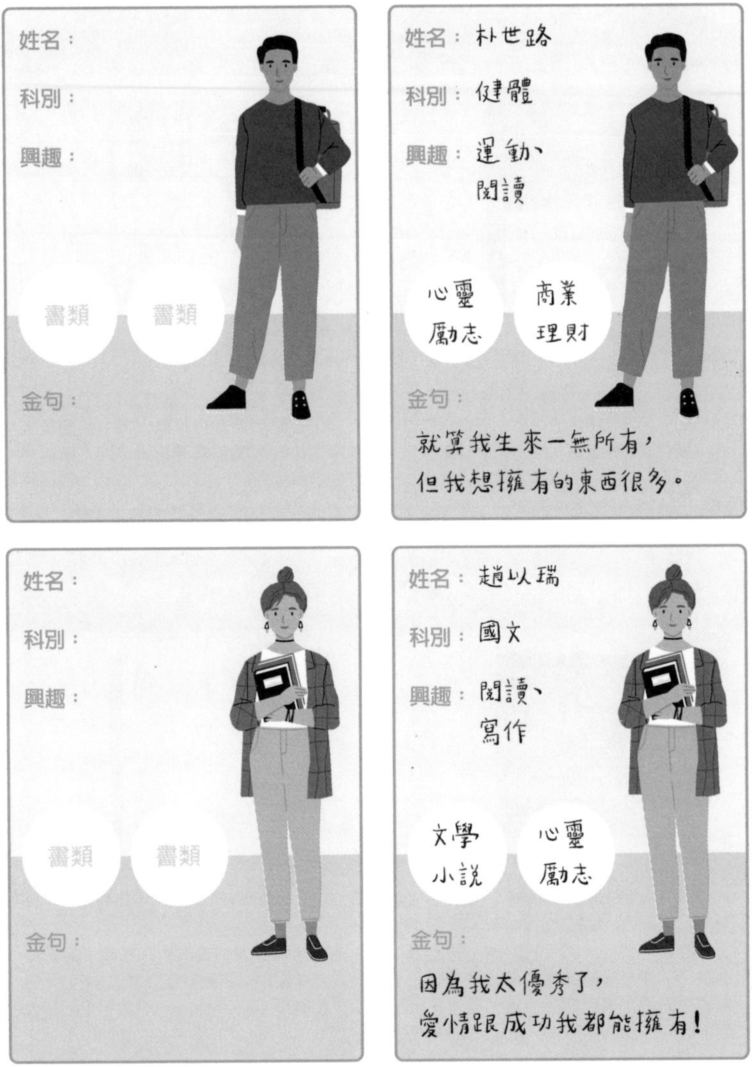

*教學牌卡概念轉換自《選書師》桌遊。

各類別書籍卡

人文史地

成功的反思
混亂世局中，我們必須重新學習的一堂課

邁可．桑德爾／先覺

哈佛教授桑德爾在本書中述說菁英才德思想如何創造出平等的假象，帶你深度思辨：我們該如何定義「成功」，打造一個讓所有人都能擁有幸福與尊嚴的社會？

商業理財

更快樂的 1 小時

凱西．霍姆斯／先覺

加州大學洛杉磯分校最受歡迎的 MBA 課程，從時間幸福學理論出發，搭配實際練習，教你如何精準投資時間，獲得一生的幸福感。

文學小說

有母親等待的故鄉

淺田次郎／圓神

三個無家可歸的人，收到了神祕的返鄉邀請，一場奇蹟般的相遇，於焉展開。無論來訪的人曾經如何荒唐，鄉土和母親永遠寬容以待！

心靈勵志

原子習慣

詹姆斯．克利爾／方智

風行全球的習慣養成實作指南！每天都進步 1%，一年後，你會進步 37 倍；每天都退步 1%，一年後，你會弱化到趨近於 0 ！

上的牌卡進行人物卡與書籍卡的配對。東家組聆聽完四組人的推薦後，依照他們介紹的書籍內容，從四組中選擇兩張書籍卡購入，並將手上的虛擬籌碼給對方。以此類推，就像是在園遊會尋攤，找到自己想要的，完成全班五組的書籍卡推薦活動，爲學生創造一個「販賣閱讀」的儀式感。

步驟五：結算籌碼，頒發人生選書師獎章（立即獎賞，讓閱讀行爲令人滿足）

遊戲結束後結算籌碼，由籌碼最多的小組榮獲本次「勇闖梨泰院：人生之書」選書師獎章，並收集全班的書籍卡，集結成「熱血人生」班級書卡。以此類推，可以設定不同主題，進行戲劇與書籍的配搭，建立班上同學的「生活閱讀，閱讀生活」系列書卡。

當各組都拿到自己購入的書籍卡後，可以到圖書館借實體書來閱讀，讓閱讀習慣變得自動化。從一本開始，然後是兩本、三本、四本，漸漸累積閱讀寫作履歷，養成自主閱讀的能力。

《梨泰院Class》有個金句：「自由並不是免費的，自由是要付出代價的。」當我們要求更多的自由，必須付出的努力與籌碼就越多。想要正確選擇人生之路，在青少年時期就要透過大量閱讀來奠基。如果想主導自己的人生，爲信念而活，閱讀會是我們最好的朋友，陪伴我們越過低谷，邁向成功之路。想要有熱血人生，就先從最簡單的選書習慣開始吧！

運用行爲改變四法則，提升遊戲化教學效益

在《原子習慣》讀到一句話：「知道自己爲何而活，就能忍受任何的活法。」雖然這是哲學家尼采說的，但作者用這句話告訴我們，若有足夠的動機和欲望，也就是你知道自己爲何行動，就算非常艱難，你仍會採取行動。這也成爲自己在新課綱時代，嘗試將遊戲和科技元素融入課程教學的動力。

我一向喜歡接受嶄新的任務，也習慣面對挑戰時，把自己歸零重新學習，因爲不懂而學會謙卑，因爲未知而步步爲營。我持續走在相信閱讀的路上，猶如動畫電影《神隱少女》提到的：不管前方的路有多苦，只要走的方向正確，不管多麼崎嶇不平，都比站在原地更接近幸福。因此，我並不害怕自己對遊戲化教學的知識涉獵曾是一片荒蕪。我想從無到有去建構自己的遊戲化教學地圖，同時定錨課程的核心價值爲：帶著孩子透過遊戲和好奇，享受課堂學習的快樂。

遊戲化教學常用於實體課堂，強化學生的學習動機和熱情。隨著數位科技時

代來臨，桌遊、密室逃脫遊戲興起，以「遊戲化」概念爲主的教學有以下四類：紙本牌卡（桌遊）、數位桌遊、實境密室、虛擬密室。我選擇最容易上手操作的紙本牌卡。

學生大多不喜歡閱讀白話長文與文言文，但我意外發現，他們對於設計成遊戲闖關的課程參與度很高，立即獎勵的模式對他們有強大的吸引力，若以遊戲元素包裹長文閱讀，將其綜合整理成一套系統課程，上課氛圍與學習成效都極佳。同時我也發現，善用遊戲元素的教學，較能激發學生的好奇心與探索力，拉近他們學習長文或文言文的距離，甚至可以從遊戲化課程按部就班地習得闖關能力，讓他們可以在**操作簡單**與**立即獎勵**的步驟引導下，產生學習的興趣，進而擁有學習的能力。

原子習慣＋遊戲化教學，激發學習熱情

在利用牌卡進行遊戲化教學時，我也將《原子習慣》的行爲改變四法則融入

其中。

法則一：讓提示顯而易見

我不斷利用牌卡給學生提示：老師帶牌卡來了，等一下上課一定很開心。這會讓學生的大腦不再抗拒進行閱讀長文或文言文的行爲。我將「牌卡遊戲」和閱讀理解的任務串聯起來，讓學生以好奇探索爲起點，進而產生學習興趣，學習效果自然就提高。

法國社會學家羅傑．卡約瓦（Roger Caillois）認爲遊戲是具有以下特性的活動：

1. 有趣：遊戲可以使人輕鬆。
2. 獨立：有特殊的地點及時間。
3. 不確定：活動的結果無法預知。
4. 無生產性：參與者無法得到實質報酬。

5.受規則約束：遊戲有其規則，和一般日常生活的規則有所不同。

6.虛擬：參與者知道這和現實不同。

臺科大的侯惠澤教授曾說：「遊戲動機也是最具操作性的價值，將遊戲應用到學科學習中，自能激發學生的自主學習動機與學習熱情。」因此，遊戲化課程的設計要貼近學生的生活情境，讓他們將利用牌卡學習閱讀策略的習慣自動化，自然就不會注意到自己正在閱讀長文。

接著，運用**習慣堆疊**，讓摘要策略融入遊戲之中。

先請每個人做三十秒到一分鐘的自我介紹，小組同學擷取自我介紹中的關鍵訊息，從牌卡盒中的三十份書卡（十五類），選擇最適合對方的兩張，貼上便利貼，留下一段文字說明自己送書給對方當見面禮的理由。

聽完自我介紹→從盒子裡挑兩張牌卡→寫下送禮理由便利貼→完成以書會友見面禮活動。

藉由牌卡體驗，學生能將三十秒到一分鐘的自我介紹化繁爲簡，運用摘要（圈選關鍵詞）策略，進行假設與條件的配搭，推論出正確的文本結論。

法則二：讓習慣有吸引力

一個行爲越有吸引力，形成習慣的可能性更大。所以，我利用遊戲有趣、使人輕鬆的特性，讓多巴胺驅動回饋迴路，使習慣變得有吸引力。

我運用的是**誘惑綑綁**，也就是把學生喜歡的遊戲闖關和

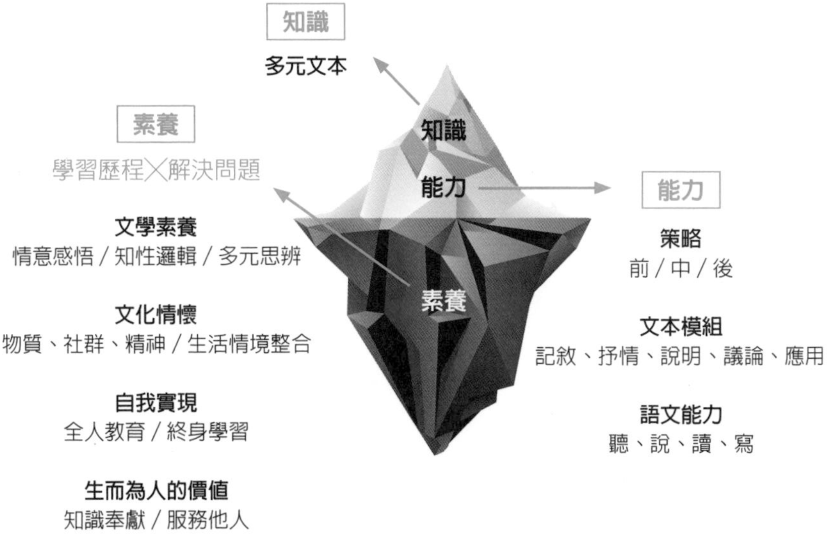

閱讀素養冰山論

排列牌卡連結在一起，來協助學生透過牌卡體驗，爬梳文本重要事件。我把文章拆解成牌卡機制，將文本基本結構印成牌卡闖關地圖，透過分組合作學習，讓同一組的學生一起執行任務，增加完成的動力。同組夥伴中若有人排出正確牌卡，就會獲得讚美、認同、分數籌碼。像這樣讓學生藉由牌卡，將長文依脈絡拆解，當長文變成一張張牌卡，他就能對閱讀長文產生興趣，使閱讀變得有吸引力。實際做法如下：

1.領取／打開「踏跡單」文件（即左頁表格）。
2.領取／打開「事件文字卡」與「事件圖片卡」的卡盒。
3.根據提示，將牌卡依序排入「踏跡單」中，透過「故事梯圖」完成文本踏跡。（文字卡五張，圖片卡十張，混雜於卡盒中。）
4.公布計分方式：一致性、完整性、獨特性。
5.組長彙整組員答案，完成一份「踏跡單」。
6.檢核答對牌卡數，並進行錯誤牌卡的知識點確認。

7.最後進行文本講解與觀念澄清。

內容結構表（文本理解）

	故事背景	情節轉折	故事高潮	情節緩和	結局啓示
事件文字卡	①文字卡	②文字卡	③文字卡	④文字卡	⑤文字卡
事件圖片卡	①圖片卡	②圖片卡	③圖片卡	④圖片卡	⑤圖片卡

法則三：讓行動輕而易舉

想要建立某個習慣，就要讓習慣簡單到即使沒有意願也會去執行。因爲每個人都有能力處理簡單的圖文訊息配對，當學生都理解操作模式後，就進入文本踏跡單分組共學討論。實際做法如下：

1.每人選擇一個段落，排出此段落的事件卡順序。

2.組長帶著大家依序討論各段落排出的事件卡，確認是否排列正確。

3. 分組討論，老師會輪流進入各組協助討論。

4. 如果學生能在老師提供的事件文字卡或圖片卡的基礎上，有邏輯、有脈絡、有創意地加入自製且適當的文字卡、圖片卡，就依照正確度給予分數獎勵。

這個階段，我讓學生花很少的力氣就能讀完長文，把學生在閱讀時會遇到的阻力消除。例如他們不會分段、不會找概念，就用牌卡設計讓他們進行簡單的圖文檢視與排列，減輕閱讀的認知負荷，也讓記敘文的人物、事件、物品、時序、地點，透過牌卡圖像，變得更容易聯想文本細節，與進入對文字的想像。這樣做，創造了一個讓閱讀變得簡單容易的場域。

小說文本　內容分析模組

故事背景	情節轉折	故事高潮	情節緩和	結局啓示
人物	人物	人物	人物	人物
時間	時間	時間	時間	時間
地點	地點	地點	地點	地點
物件	物件	物件	物件	物件

情節分析：內容分析圖

分析文本細節，依照文本排入「人物卡」「時間卡」「地點卡」「物件卡」。

	故事背景	情節轉折	故事高潮	情節緩和	結局啓示
人物	（人物卡）	（人物卡）	（人物卡）	（人物卡）	（人物卡）
時間	（時間卡）	（時間卡）	（時間卡）	（時間卡）	（時間卡）
地點	（地點卡）	（地點卡）	（地點卡）	（地點卡）	（地點卡）
物件	（物件卡）	（物件卡）	（物件卡）	（物件卡）	（物件卡）

內容分析圖

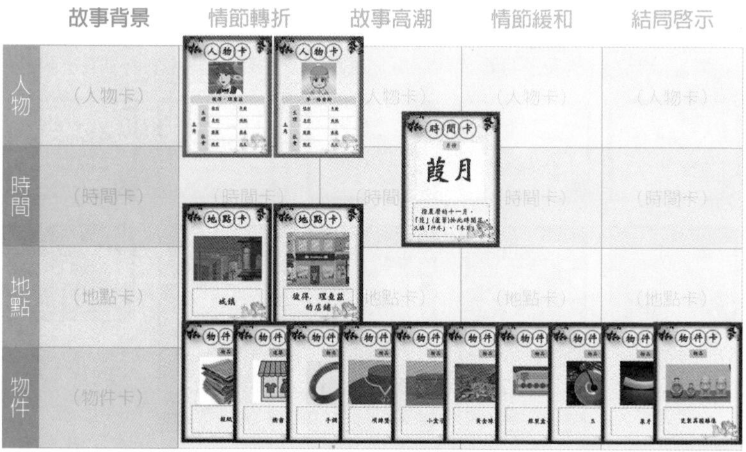

情節分析：故事梯結構圖

依照文本內容，排入「事件文字卡」與「事件圖片卡」。
每張圖片都隱含重要文字訊息，依照牌卡張數的提示，排入框格內。

故事背景	情節轉折	故事高潮	情節緩和	結局啓示
第___段～第___段	第___段～第___段	第___段～第___段	第___段～第___段	第___段～第___段
（事件文字卡）	（事件文字卡）	（事件文字卡）	（事件文字卡）	（事件文字卡）
（事件圖片卡）1 張	（事件圖片卡）4 張	（事件圖片卡）5 張	（事件圖片卡）3 張	（事件圖片卡）1 張

故事梯結構圖

故事背景	情節轉折	故事高潮	情節緩和	結局啓示
第___段～第___段	第___段～第___段	第___段～第___段	第___段～第___段	第___段～第___段
事件文字卡：繼承祖父精品店的彼得，是鎮上最孤獨的人。	事件文字卡：小女孩琴到彼得店裡幫姐姐買耶誕禮物，彼得體貼地幫她達成心願。	事件文字卡：小女孩琴的離去，讓彼得陷入沉痛的回憶，耶誕節的氣氛使他的孤獨感更加強烈。	事件文字卡：琴的姐姐向彼得詢問項鍊的真實價格，並開啟了兩人的緣分。	事件文字卡：彼得放下孤獨，與琴的姐姐走向充滿希望和幸福的新開始。

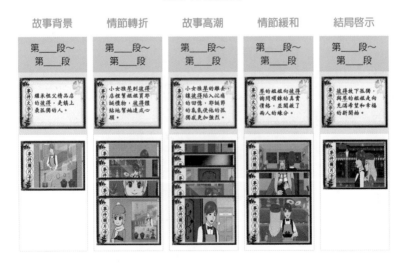

法則四：讓獎賞令人滿足

如果排列牌卡與閱讀的體驗讓學生覺得快樂、滿足，他們就會願意一直重複這個行爲。因此，我會在每一個關卡先說明評分原則，並立即公布踏跡單的正確排列答案，然後在覆核答案時補充知識技能點。評分原則如下：

- 一致性：以標準答案檢核，答案完全正確，每格給一分。
- 完整性：能完整排列事件卡，再給每組五分。
- 獨特性：運用「空白卡」，有獨特見解，每格給三分。

完成牌卡體驗之後，進行文本講解，最後依照PISA（國際學生能力評量計畫）出題的形式，讓學生塡答文本學習單，看看他們玩了牌卡遊戲之後，是否習得重要知識與技能。

因此，牌卡遊戲會先以科技工具進行評量的診斷，在課前利用Quizizz系統檢測學生的閱讀理解，提升擷取訊息的能力。而牌卡遊戲則屬於形成性評量，透過分組牌卡遊戲，檢視學生每個階段的學習是否完成。最後透過學習單進行總結性評量，從聽說讀寫進行綜整的讀寫提升。另外，可以在課程結束後進行知識、技能、態度等指標的分析，找出學生對文本的學習困難處。

遊戲化教學若能搭配《原子習慣》提及的四個改變行爲的法則，帶來的效益是：讓學習變得不一樣，學生從「做中學」體驗到學習的本質是自主學習，而非遊戲。透過遊戲的不確定性，激發學習動機；良好的遊戲化學習設計可以藉由學習者探索體驗，提升學生的學習成效，引燃學習熱情。遊戲化也讓課堂學習變得簡單有趣，降低學生對學習的恐懼，因爲立即獎勵、同儕共學而突破自身知能的門檻，讓學習變成團隊合作、共同升級的一種學習新渠道。

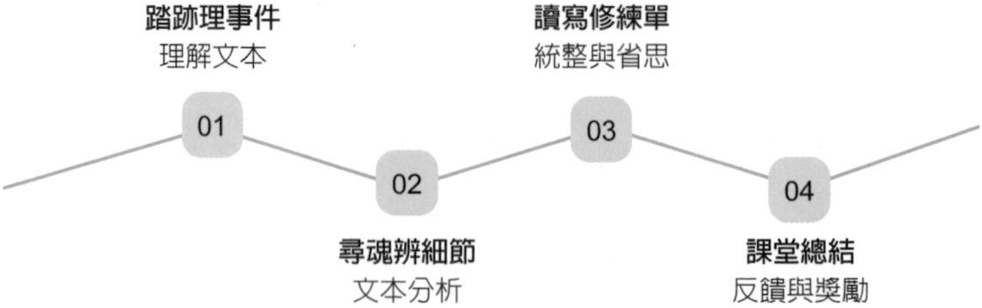

遊戲化課堂活動的四個流程

原子習慣培養自學力

「老師，請問自主學習計畫書是什麼?我們該如何寫、如何執行、如何進行反思或調整呢？」學生煩惱地問。

「新課綱的精神，大家應該都琅琅上口了，就是以自發、互動、共好爲理念，培養你們成爲自動自發的自主學習者。」我悠然地回答。

「老師，你這樣的說法好官方、好敷衍喔！」學生皺起眉頭，嘟著嘴。

「別急別急，其實老師是故意這麼說的。《原子習慣》提到，一**個對何時何地執行一項新習慣做出確切計畫的人，比較有可能眞的去執行**，這個概念叫作**執行意向**。我只是想告訴大家，贏家和輸家其實都會設定目標，他們寫下的目標都是一致的——就是希望完成一份地表最強的自主學習計畫。但你們思考一下，若是無法確定計畫基本的執行細節，即使有決心要建立習慣，也是徒勞無功。像是『我要多寫一些文章』、『我要吃得健康一點』，都算是模糊的概念，但如果設定何時何地要做什麼的執行意向，我們就按表操課即可。具體的細節可以讓自主學習計畫書的執行比較容易成功，而且能達到事半功倍的效果。」我試著用問題意識，讓他們多面向地思考。

「老師，我對自主學習計畫的認知是，可以決定自己要學什麼，可以尋找適合自己的方法學習，並在自己設定的時間內完成，是嗎？這是不是證明我可以當自己學習的主人？」學生也提出疑惑。

「這是一個『我決定，我負責』的自學概念，透過擬訂計畫、設定學習目標、尋找學習資源、運用適合學習的策略與方法，最後能在自主學習歷程中，找到管理知識、創建知識的策略，並從成果評估，來反思與修正，達到學以致用，解決生活問題的目標。這樣說明是不是還是很抽象？」

我說完，學生都笑著點頭了。

自主學習能力並非與生俱來，而是需要透過老師的指導或同儕的楷模，不斷重複練習自我引導學習，才能順利培養的能力。因此，老師的角色在於搭建多元豐富的自主學習鷹架，培養學生解決問題的能力，從而讓他們成爲熱愛學習，有溫度、有良好價值觀的人。

四訣竅打造自主學習力

老師在自主學習中扮演指導與引導的角色，因此必須理解且分析學生的學習能力與需要。我會從「動機」和「能力」兩方面，爲學生進行自學前的診斷。

第一類：動機強，能力強 天生自學者，只須陪伴、鼓勵。	**第二類：動機低，能力強** 強化學習興趣和動機，讓他不流於只追求學習成效。
第四類：動機強，能力弱 強化學習能力和學習支援系統。	**第三類：動機低，能力弱** 無動力學習者，先從興趣、動機著手，再逐步提供學習策略和方法。

「做完自我學習動機與能力的盤點後，接下來，你們是否都玩過《動物森友

會》的遊戲？」

學生紛紛點頭。

「開始玩之前，遊戲說明書會大致說明遊戲方向、小島目前的樣態，是嗎？其實擬訂自主學習計畫書，就如同你在玩遊戲之前，思考要如何打造這個小島，要讓它呈現何種風貌。這很像《原子習慣》提到的**身分認同**。當你願意把自己定義爲時間管理者，就會認眞去設定學習目標，再從目標任務去執行計畫。這個訓練最重要的是：你能從時間管理和擬訂的計畫兩方面去思考如何選擇學習策略，就如同思考要使用哪些工具才能建設小島。當自學效果不彰時，可以想成投資失利，那麼，要不要設停損點，或是改變投資方向，提醒自己尋求老師或專家的協助，甚至改變自學的策略？」我認眞地利用最夯的遊戲來類比，說明手上的計畫書。

一、建立自主學習者的身分認同

協助學生設定自學的身分認同時，我會提醒學生不要設定成爲第一名，而是成爲自主學習者，這樣即使站上第一名的位子，還是會持續學習，不會因爲目標達成就停止自學。雖然自主學習計畫書的學習主題可以是一項技能、一個作品、一張證照，或是一個興趣，但「我是自主學習者」這個身分會成為內在動力，驅使我們邁向終身學習的終極目標。

不同的學習主題，有不同的切入點。例如：

1. 興趣相關：從喜歡的興趣著手，如閱讀文本、拍微電影、球類運動等。
2. 學科學習相關：可以完成作品、作業，或是學習的延伸等。
3. 自身能力提升相關：證照檢定、技能增進、服務學習等。
4. 競賽成果相關：科學競試、專題研究、小論文、心得寫作等。
5. 升學探索相關：學群相關探究、職業試探、學習歷程檔案等。

這五個面向，都可以是學習主題的範疇，不用設限，讓學生自主擬訂，按照時間填入目標，與執行方式、預期成果，讓他們從擬訂計畫的當下，就為自己設定要如何去執行並完成自主學習計畫。我們可能不在乎計畫是否成功、成果是否達標，而是要讓學生在過程裡持續追求設定的自學系統，從中找到自學的方法與策略，成為自主學習者。

二、讓自主學習的提示顯而易見

關於如何提高自學的專注時間、如何找到適合的學習模式，這些都可以邊學邊修正、邊修正邊探索。《動物森友會》這個遊戲讓玩家先擁有基本款的工具，你想做什麼都可以，然後隨著生活中發生的事件與自己經驗值的提升，可以發展出更多工具、結合更多資源，規畫小島的未來發展藍圖，持續打造專屬自己又厲害的小島。目標是完成一座獨特吸睛、完整豐富的幸福島，但是要怎麼做，可以運用《原子習慣》提供的簡單務實的方法。

比方說，假如設定的主要目標是「建立自主學習的習慣」，就可以應用**執行意向**這個概念：

- 公式：**我會於〔時間〕，在〔地點〕，進行〔行為〕。**

• 範例：我會於每週四早上八點，在自主學習教室，使用行動載具觀看影片十五分鐘。

這就是明確的執行意向，能讓自己知道何時要做什麼，就比較容易專注，不易分心。

接著，就是利用策略協助達成目標。可以提醒學生爲自主學習習慣設計顯而易見的提示。

「如何利用**習慣堆疊**，讓新習慣與目前的習慣配對？」學生急著追問。

自學的過程應該是循序漸進的，關鍵在於**把想要的行爲跟每天已經在做的事情綁在一起**。

我這樣向學生舉例說明：「就像週四早上，你會先到自主學習教室，拿出自主學習計畫書，以及自學相關的資源、媒材。接著，你可以進行不同階段的習慣綑綁，達到習慣堆疊，用舊習慣綑綁新習慣，不斷邁向下個階段，逐步養成自學習慣。」

項目	第一階段	第二階段	第三階段	第四階段
自主學習習慣	先確認自己設定的學習項目（舊習慣）。	確認之後，運用學習策略完成自學紀錄與筆記（新習慣）。	從自學歷程紀錄（舊習慣），進行自學內容、方向、策略的反思（新習慣）。	反思過後（舊習慣），可以再次調整下週的自學項目（新習慣）。

同時，要爲學生打造一個培養自主學習習慣的環境，讓他們進入不同的自主學習教室，藉由同儕自學的情境力量，讓自主學習的新習慣比較容易養成。

例如，每個學生一學期有固定的十八小時自學時間，從他們選擇學習場域開始，以及圈選使用的學習工具、策略，就能透過學習媒材的使用營造自學環境。而在自主學習過程裡，有同儕形成學習群組，同時學生因爲有新環境與學習資源的支持，還有指導老師的陪伴，讓他在自學時間裡擁有學習的熱忱、探索欲望及好奇心，會更容易建立自主學習系統。

學生恍然大悟地笑了，彷彿發現新大陸似地問道：「所以，我們是不是要盤點自己目前的習慣，再適時加入想要培養的新行爲？」

「沒錯，沒錯，我們越來越聚焦了。這中間的原理就是在新的環境養成一個新的習慣，就無須對抗舊提示，相對容易成功。因此，要在自主學習場所自學，讓『學習』、『應用』和『修正』形成習慣的堆疊，從中找到適合自己自學的方式。」學生果然個個是天才，只要一點就觸類旁通。

三、讓行動簡單易行

剛開始執行自主學習時，可以使用**兩分鐘法則**，讓學生不會覺得新習慣帶來太大的負擔，或是產生排斥感。如果把計畫的書寫、執行變得簡單，讓自學變容易，大腦產生的抗拒就會變小。所以，我會先掃描學生學習的起點行爲，讓自學任務變簡單，容易執行，學生就不會因爲計畫目標過於困難，而落入失望之谷，無法提起學習動機或改善學習能力。

營造一個愉快、簡單的學習環境，比讓學生完成任務可貴且重要多了。每個人學習的風格不同，針對不同領域探索的天賦也不同，條條大路通羅馬，每個工作都需要有傑出的人才，所以請讓學生一步步進行**習慣堆疊**，透過執行自主學習，讓學習的天賦自由。

想讓孩子具備成長型思維的學習心態，就要把學習內容具體化、簡單化。例如，閱讀一份資料，可以切成三個階段。

第一階段	直覺式閱讀（易）	閱讀標題	擷取訊息	摘要重點
第二階段	歸納式閱讀（中）	歸納觀點	統整比較	圖像組織
第三階段	反思閱讀（難）	連結生活經驗	自我詰問	批判思考

剛開始，學生只需要運用直覺式閱讀；若學生還是覺得困難，就降低門檻，先圈選標題，同時指導老師就在身邊，可以提供閱讀摘要的指導與協助。標題完成後，用五色筆圈出關鍵詞，再嘗試把跟主題相關的句子進行串接與連結。

第一階段完成後，再前進到下一個階段：歸納式閱讀。同時，也把每個階段細分成四個步驟，讓孩子有能力一階段接續一階段，透過自行查找、摸索、嘗試，解決問題，最後習得閱讀理解策略，成爲自主學習者。

四、適時獎賞自學成果

最後，就是利用獎勵制度，讓自學變成無限循環的好習慣。一個人喜歡學習的理由，常常是因爲突破學習困難而產生自信，所以老師在平日的課室教學中，可以教導學生該學科的自學方法與指標，並透過靜態與動態的發表，適時獎賞自學成果，就能培養學生對自主學習的自信，讓他們因爲被賞識、被看重，而有高動機，願意再次投入學習，最終學會學習，以及願意反思自學歷程。例如可以利用班會、週會，打造一個發表的舞臺，讓孩子們的學習方法與策略，能成爲同儕互學的基石。

當學生從自學時間探索到自己的興趣與人生目標，就是在爲自己的人生定錨。

未來學大師艾文・托佛勒（Alvin Toffler）說：「改變時時滲透我們的生

活，二十一世紀的文盲，不是不能讀寫的人，而是不能學習、不能放棄所學、不能再學習的人。」利用《原子習慣》的法則，讓學生透過同儕共學，輕鬆把新行爲置入目前的例行事務中，清楚知道接下來要執行的任務是什麼，就能輕鬆打造一個易行的自學系統。

同時，自主學習的習慣等於也是提前爲進入大學學習生涯做好準備，在掌聲與鼓勵的氛圍中，學生願意面對自學的失敗經驗，因爲失敗是下一次成功的沃土。經由這樣的培養，每個孩子都會是勇於嘗試的終身學習者。

當學生認同「自學者」這個身分，透過步驟拆解，學會自主規畫、自我管理、自我調節等能力，他會看見自己在每個學習任務中的角色就像專案管理師，而老師就是催化劑，陪伴學生從盤點校園空間與資源，找到自主學習的環境與方式。

老師是擔任引導與支持的角色，引導學生發想自主學習計畫，成爲學生在學習上的支持力量，透過對話機制提供協助、諮詢，讓學生自發性參與，找到具創發意義的學習，並從學習目標與任務的執行，回顧和檢視自己學得如何、是否找到學習策略與方法的運用，學生就能在《原子習慣》四大步驟的協助下，日積月累地養成自主學習力。

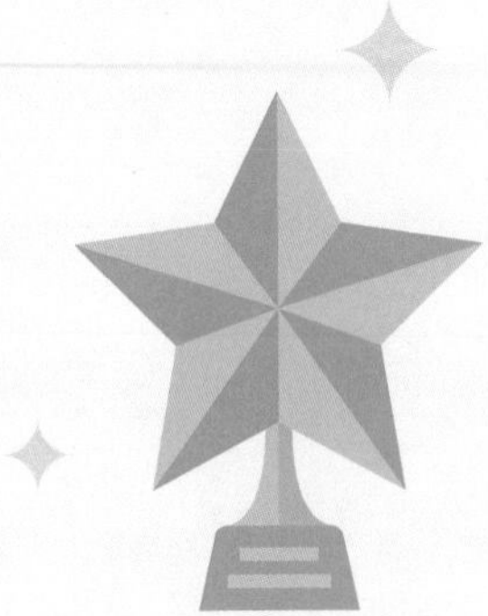

Part 3

原子習慣的
海外實踐

因為我信仰的閱讀，
也無法滿足於獨善其身的閱讀者身分，
透過《原子習慣》提供的策略，
我得以外擴到海外教師的培訓。

打破跨國跨校共備閱讀的時空局限

「怡慧老師，有沒有機會也把你在臺灣推廣閱讀的成功經驗，複製到馬來西亞的中學校園？獨中（華文獨立中學，馬來西亞華人民辦私立中學的總稱）校園閱讀風氣一直停滯不前，雖然校內有老師熱情地想要推廣，可是考試升學的壓力好像讓推動閱讀困難重重，如果沒有找到正確的方法，久而久之，大家就提不起勁去推廣了。身爲學校的領導人，即使心急，也要找到眞正的突破點去努力。很幸運地讀到你的作品《大閱讀》，我認爲你可以爲獨中夥伴注入一劑閱讀的強心針。你不只樂於學習，願意承擔責任，更願意迎接挑戰，具備持續改變的熱情和突破困難的企圖心，可以感動更多人。我認爲，你也很像閱讀醫生，擅長以創新的閱讀策略來解決課室發生的問題，期待你來點燃獨中熱愛閱讀的火苗。」來自馬來西亞波德申中學校長張永慶的一通越洋電話，讓我想起愛爾蘭詩人葉慈說過的：「教育不是注滿一桶水，而是點燃一把火。」

我以顫抖的聲音應允了，在二〇一七年四月獨自飛往馬來西亞，參與張永慶校長和吳麗琪校長在「423世界閱讀日」合辦的一場兩百位教師的培訓活動，進行一日閱讀工作坊的課程培訓；接著，七月又飛往吉華獨中，與莊琇鳳校長合作三場針對不同對象（家長、老師、學生）的閱讀人才培訓工作坊。因爲以閱讀爲名的堅定情誼，讓我連續三年的寒暑假不間斷地進入獨中校園，進行閱讀培訓與分享，感受到獨中教師對閱讀議題有著躍躍欲試之心，卻苦於沒有一個合作平臺能進行獨中跨校教師的串接。

二〇二〇年新冠肺炎疫情無預警襲來，所有老師開始從實體轉向線上教學，我突然靈機一動，覺得醞釀三年的教師培訓能量，可以利用這波疫情逆向操作，透過「E情」教學來突破「疫情」的時空限制，趁機打破網路時代疏離的人際關係。線上共備的團隊共創機制，有機會帶領我們獲得最大「跨閱」的機會，創造一個持續閱讀的成就。

當時，我恰好正在閱讀《原子習慣》，書中有段話讓我深受震撼：「如果你覺得改變習慣很難，問題不在你，而在你的系統……手握行爲改變四法則，你就擁有一組工具與策略，可以用來建立更好的系統及塑造更好的習慣。」

沒錯，我之所以認爲跨國、跨校共備困難，應該是還沒有帶著大家建立一個**身分認同**的系統。如果我可以運用《原子習慣》的四個法則，有沒有機會也讓馬來西亞的閱讀接軌至臺灣的閱讀呢？

「4F策略」建立身分認同

過去，我最常對想要養成閱讀習慣的朋友提到，你可以和家人或朋友共讀、組成讀書社團，讓家裡或學校觸目所及都是書，隨時都有書籍可讀。同時，讀書社團要有個分享心得的園地，讓你可以把豐富多元的想法跟群內的朋友分享，進而在同儕的吸引下，慢慢成爲閱讀者。這是不是也印證了《原子習慣》說的提示與吸引原則呢？

《原子習慣》說過，你想要養成吃水果的習慣，水果買回來後，就不要放進冰箱底層的保鮮儲存格，最好放在你可以清楚看見的開放空間。所以，我們必須先完成一個閱讀者的共識營，從共識營建立身分認同，並讓閱讀成爲彼此生活中清晰可見的提示。

實踐習慣取決於所處的環境，以及眼前的提示。第一步已經讓老師們認同閱讀的重要、閱讀的意義，以及如何做。同時，我也引導大家思考：教師在課餘要如何保有動機，持續不間斷地投入閱讀共備學習團的行列？我利用「4F策略」帶著大家完成身分認同。

一、Facts 事實——我看見

全球化社會強調「跨」和「快」，教育現場又該如何因應這樣的社會趨勢？當我看到夥伴強調「教」出閱讀素養是終身學習的核心，以及說出「當今教改新趨勢襲來，身爲教師的我們該積極面對」，這些信念與情懷，都說明了我們沒有忘記初衷。

二、Feelings 感受——我感覺

就像狄更斯《雙城記》這本書的名言：「這是最好的時代，這是最壞的時代。」這已經是一個無法單打獨鬥的時刻，必須靠團隊合作來相互補位，但，我不知道如何開始做——這樣的內在聲音，我們都感受到了。

三、Findings 發現——我認爲

讓教師明確知道，在素養時代，如何將知識轉化成帶著走的能力與態度，是解決問題的核心。因此，如何設計讓學生活用所學知識、技能、態度與價值的課程，會是臺馬共備合作的核心，同時也可以從教學歷程反思自身的教學，從「我認爲」開始變成一個又一個的實際行動。

四、Future 未來——我日後

臺馬教師團隊攜手合作，以「永續與共好」爲信念，一起爲提升學生的閱讀素養而努力，因此不會覺得加入國際閱讀共備團是一件苦差事，反而因爲目標明確，做法務實，容易擘畫出新穎的「閱讀心視界」。

四法則讓閱讀跨國接軌

會議結束後，大家一起開了LINE群組，成立跨國閱讀群組。接著，我們運用《原子習慣》的四法則，在二〇二一到二〇二二年的兩年時間，完成這項跨國閱讀不可能的任務。

法則一：讓提示顯而易見

要保有跨國、跨校的凝聚力，我們必須具備成長思維。我不斷在群裡放入成長思維的**身分「提示」**——「閱讀能力可以培養」、「我們樂於擁抱挑戰」、「我們不懼怕困難」、「我們相信努力可以改變一切」——讓老師們認同現在遇到的困難都是閱讀推廣者會遭逢的困境，但目前都有明確解方，我們缺的是時間來實踐。

接著，利用**習慣堆疊**，讓大家習慣隔週四的課程結束後，我們就要緊接著進行「共備」。雙週的週四，我們在下午三點三十分的課程結束後進行線上共備，各校召集人前一天就會通知老師，時間一到，也相互揪團提醒四點進行共備課程時的討論議題或增能研習的任務。一開始安排的是共識凝聚，多以聽取群內夥伴的建議、向他人學習、發揮自我潛能的充電課程爲主，同步建立線上共學教室，讓老師們能看見每個月及每週的共備甘特圖進度。第一年著重思維的改變、建立週四共備的習慣，以及正面學習階段，讓共備老師們厚植革命情感，當情誼漸漸濃厚，願意交流、分享的人就多了。

法則二：讓行爲有吸引力

確定大家目前有的任務群、課程單元，然後盤點每個人教學上的實際困擾。我發現，老師都會有課程進度的壓力，因此共備課程盡量不外加新的學習任務，以目前老師正在進行的單元做總括性概念的統整，並運用文氏圖判讀出，有感吸睛的多元教學法，是老師們在教學上共同的期待。

第一年，我們設計和上課時間類似時限的課程，讓老師自己先體驗新式素養教學的動能，共備課程結束後就可以馬上複製使用。共備結束前，也請大家分享前一次在課室實踐的狀況，例如與學生是否有良好互動、創新的教學會不會影響教學進度。當大家感受到孩子主動學習的激勵，師生互動變得更熱絡、上課氛圍變得活潑有趣，更多老師開始期待共備時間，希望齊心找到適合學生的教學方式，帶入自己的眞實課程中，讓共備共學因成效顯著而產生了吸引力。

法則三：最小努力原則

前面提到，**最小努力原則**指的是在兩個類似選項中抉擇時，人自然傾向選擇花費最少力氣的那個。《原子習慣》作者說這是「減法的加乘效用」。所以，我們找出共備會遭遇的阻力，例如老師擔心參與後會耗費太多額外的時間和精力，我們就把課程安排得輕鬆、易於學習；學校更貼心地讓參與週四共備的老師可以減少額外的工作，讓他們能專心於共備任務，不讓熱情的老師因爲多工或能者多勞，而消磨眞正的教學動能。

同時，我們也刻意創造一個行動起來輕而易舉的共備環境，減少共備意願的阻力。我們以終爲始，事先把所有的任務說明清楚，讓各校的共備老師明白我們善於陪伴教師，團隊內的臺馬教師設計素養課程有經驗，教學設計和策略也會符合獨中的需要。而且，我們重視每日累積，每天進步一點點，讓共備習慣無痛無感地建立，同儕之間依照長處分工合作，讓疫情時代的課程共備、共創突破時空局限。獨中夥伴看似每天只跨出一小步，慢慢累積，未來會是獨中教改的一大步。

法則四：讓獎賞令人滿足

我們都知道，大腦喜歡快速報酬勝過長遠報酬，所以每次各校校長都會與老師們一起共備，不只全程參與，甚至及時鼓勵產出作品的教師，或是爲正在尋求突破的老師提供及時的援助，讓他們沒有後顧之憂。在陪伴馬來西亞獨中教師的過程中，我深刻體會到：生命最美的時刻不是成功，而是你聽見夢想花開的聲音，看見花朵正在你期待的地方綻放一地馨香。

我們走在共同的信念之路上，團隊分層負責，協助各校老師完成課程設計及實踐。每位校長善於立即獎賞老師，不單是言語鼓勵，還有獎狀、獎金的實質鼓勵。同儕之間也相互支持，這種同心戮力完成任務的欣喜，以及內心的滿足與自我實現的快樂，就像檳華女中的老師說的：「憶起共備的時光，最開心的，是夥伴一直都在，爲了學生的笑靨，再苦我們都沒有離開。」而最動人的畫面，還是學生學會、開心學習的模樣吧！

《逆思維》一書中提及：「好的判斷要仰賴擁有開啓思維的能力及意願。我相信在生命中，重新思考是一種日益重要的習慣。」因爲《原子習慣》帶來重新思考閱讀的各種可能，同時疫情也讓我得以改變共備的模式，看到共備團老師們的傲人成就。一如張永慶校長說的：「跨國工作坊運用策略得當，雙週共備形成一個改變的提示，校方願意幫老師排除萬難，養成長期共學的習慣。怡慧老師把任務變簡單，讓本來要付出極大耐心與毅力的工作，因爲分工合作，事先讓課程化繁爲簡，用主題區塊式的培訓，慢慢拼湊出在地元素、國際議題、素養教學、評量規準的課程內涵，循序漸進地讓大家先學會，再求好。同時，在正式發表會之前，多次分段線上實際演練的操作和科技化評量的運用，讓老師立即看出教學的進步。成果產出被激勵，教學突破被獎賞，老師就更有勇氣站上實踐的舞臺。」

吉華獨中校長莊琇鳳則提到：「共備團的信念很簡單，就是讓教學變得生動而活潑，引發學生的好奇與興趣，讓『生活閱讀，閱讀生活』的理想得以實現。」

「一個人走，可以走很快；一群人走，可以走很遠。」跨國共備的價值就在此。根據《原子習慣》的概念，我們會發現：你不需要很厲害才能開始，要開始才會變得很厲害。這也成功鼓勵老師們跨出舒適圈，設計著重在閱讀的實踐與課程深耕的系統，強化教師之間的課程交流經驗，發展學校本位的特色課程，讓學生成爲獨立思考、創新思維、解決問題的「世界公民」。

原子習慣讓學習與人生變得不一樣

在與時俱進的時代，如何讓知識產生價值與影響力？透過閱讀者的身分建立知識人脈圈，相形重要。

馬來西亞許多獨中校長都是我的臉書好友，當他們在臉書文章讀到我在課堂上善用《原子習慣》的概念建立學生的自學習慣，產生複利效果時，莊琇鳳校長和張永慶校長就邀請我在他們開學或假期結束前，爲學生舉行《原子習慣》從閱讀到實踐的線上工作坊。拜科技之賜，我可以將所學分享至海外的中學生課堂。

《原子習慣》強調以微小的改變帶來複利效果，幫助學生建立自律生活和自學的良好習慣。尤其是疫情期間居家學習，透過行爲改變四法則，就有機會做好時間管理與建立生活的秩序感。

我常常和學生說：「盡信書不如無書。」閱讀一本書之後，最重要的是生活實踐。《原子習慣》剛好讓我能從自身經驗談起，還有如何運用到課堂教學，甚至將同樣的模式推廣至海外學子的閱讀課程。

用對方法，打造好習慣、戒除壞習慣並不難

養成習慣一向不是件容易的事，首重自我認同的建立。過去我們認爲培養習慣靠的是意志力、恆毅力，感覺建立習慣就是一個困難的門檻，讓亟欲培養新習慣的人心生畏懼，進而卻步。不過，原子習慣以複利效應的說法，讓讀者在從懷疑到實證的過程中發現建立一個習慣之後的驚喜與快樂：果然，每天進步百分之一，一年後我們會看見一個嶄新的、蛻變的自己，因爲我們進步的幅度會是現在的三十七倍。這讓每次的微小行動都充滿吸引力。

願意進步的行動鼓舞著不斷累積習慣的自己。在這段《原子習慣》的實證旅程中，最令我驚喜的是在海外推廣閱讀的經驗，從老師到學生，運用《原子習慣》的行爲改變四法則——**提示**（**變得明顯**）、**渴望**（**變得吸引人**）、**回應**（**變得簡單**）、**獎賞**（**變得令人滿足**）——不只能夠建立習慣系統，也能不迷失在追

逐目標的漩渦裡，循序漸進地累積，輕鬆打造好習慣，戒除壞習慣，意外地爲生活帶來改變的豐碩成果。

二〇二一年，馬來西亞波德申中學利用開學日，請我進行《原子習慣》的線上演講。我讓初一和高一共七個班級的新生事先填寫**習慣記分卡**，寫下目前的習慣，並爲習慣打分數，也讓他們覺察好、壞習慣的分野。接著，請他們利用課餘填寫原子習慣學習單。

我和孩子們分享，習慣是不需要說服自己，大腦自動化的過程，是你會不斷重複做的事情和想法。而利用**習慣堆疊**這個用舊習慣綑綁新習慣的策略，讓大腦在做完目前的習慣後，去執行新的習慣，時間長了、次數多了，習慣自然養成。這就是《原子習慣》書中提到的：**讓「目前」的行爲與「需要」的行爲配對**。

在分組分享時，我們做的第一件事就是練習**身分認同**。我讓學生確認：你認爲目前這些習慣能幫助你成爲自己想要成爲的人嗎？目前做的事，可以強化你的身分嗎？完成習慣記分卡之後，自己是否覺知目前的習慣或行爲——但不用評價，也不要責難自己，就是客觀地觀察與思考，習慣與身分之間，是否可以連結並深化認同？

第二件事，我讓他們明白：習慣的養成並不困難，而一個好的習慣只要我們不斷堅持，會爲人生帶來不一樣的改變。**養成好習慣的難點不在於克制欲望，而在於控制環境**。我們都知道，建立一個習慣會歷經三個階段，分別是反抗期、不穩定期和穩定期。當我們透過行爲改變建立習慣，就克服了反抗期，但進入不穩定期時，我們無法在設定的時間看見成果，就會進入失望之谷的停滯期，這時就很需要讓習慣變得有吸引力、簡單、降低難度。我們甚至可以細切，以分鐘爲單位，每天抽出N分鐘就好，堅持執行新習慣。養成習慣的過程若讓人備感痛苦，就很難堅持下去，而當我們逐步增加時間的強度，就能慢慢地把習慣建立起來。

第三件事，我讓孩子們與大家分享如何透過《原子習慣》的四大法則，建立好習慣，戒除壞習慣，成爲更好的自己。我請各班導師讓學生跟著四法則及學習單，先做一個原子習慣養成計畫。這時候，我會再讓他們利用**誘惑綑綁**，把喜愛的事物和新習慣繫綁在一起。舉例來說，如果一個人想養成早起的習慣，可以將自己最愛的歌曲設置成鈴聲。在自己最喜歡的音樂中醒來，不僅讓人不知不覺就養成自動起床的習慣，聽到音樂，甚至還可以開啓一天的美好心情。

我特別喜歡其中幾個學生發表的建立好習慣步驟。

想要建立的習慣	1. 讓提示顯而易見	2. 讓習慣有吸引力	3. 讓行動輕而易舉	4. 讓獎賞令人滿足	建立身分
運動	便利貼提醒。	放學後和家人一起。	每天跑五分鐘。	利用一個迴紋針五元馬幣，延遲獎賞，買一雙跑鞋。	我是熱愛運動的人。
寫作業	一回家就進書房。	和同學一起寫。	每天先完成一項。	喝一杯阿華田獎勵自己。	我是負責任的人。
閱讀	把書放在床頭邊。	和妹妹一起閱讀。	每天讀一頁。	讀完一本書，再買一本喜歡的書。	我是樂於學習的人。
減重（健康考量）	注意食物的熱量。	和同學一起記錄熱量。	每天減少熱量五十卡，並注意營養均衡。	買一套漂亮的衣服。	我是自律的人。

另外，好幾個學生也發表自己戒除壞習慣，是利用行爲反轉四法則——**讓提示隱而不現、讓習慣毫無吸引力、讓行動困難無比、讓後果令人不滿**——這四點會讓人感受到每做一次壞習慣，就會連結到負面感受，覺察到壞習慣爲此刻或日後帶來的後果與痛苦，如此一來，壞習慣漸漸失去吸引力，也就能慢慢戒除了。

我特別喜歡其中幾個學生發表的革除壞習慣步驟。

想要戒除的習慣	1. 讓提示隱而不現	2. 讓習慣毫無吸引力	3. 讓行動困難無比	4. 讓後果令人不滿	建立身分
沉迷3C	刪除社交回訊軟體。	提醒自己每天玩手機超過六十分鐘。	寫作業或讀書時把手機交給媽媽。	同學因為3C成癮而讓生活大亂的景象。	我是自律的人。
說髒話	提醒自己不再說髒話。	說髒話時別人臉上不悅的表情。	遠離習慣說髒話的同學。	聽到說髒話的場合開始覺得不舒服。	我是好好溝通的人。
吃垃圾食物	告訴自己：我不需要它。	提醒自己過於肥胖。	身邊的人不給垃圾食物。	把金錢耗費在傷害健康很不明智。	我是健康的人。

學習與人生從此大不同

一場演講過後，我們都以爲就船過水無痕了，但學校非常有心，堅持讓學生在生活中實踐。張永慶校長在週會呼籲學生，全班同學可以一起閱讀《原子習慣》，並且希冀每個人都能設定新學期的新希望：在生活中實踐一個好習慣，分配好自己的日常時間，自我提醒如何透過習慣的執行完成身分認同。

有個學生在執行一個月後告訴我，當他可以依據《原子習慣》分配好一天的時間後，彷彿時刻提醒自己要在什麼時間、什麼地方、做什麼事，他的生活自然而然規律起來，好習慣的培養也容易多了。

另外有個學生在建立習慣之前，都會認眞寫下這四個法則：第一，提示自己讓習慣顯而易見；第二，擁有對這個習慣的渴望；第三，確保習慣是簡單且不讓自己感到痛苦的；第四，適當地給自己獎賞，讓自己更有動力去堅持。而在戒除壞習慣時，則是將這四個法則反轉。因此，他每天都會在手機貼上觀看影片的時間，幫助自己每天少看一分鐘，抽離沉迷3C的行爲；此外，他會在完成功課後才讓爸爸把手機還他，讓他玩手遊。後來因爲課業越來越重，常常寫完功課就力氣用盡，不自覺想要睡覺，慢慢戒掉長期沉迷手遊的癮。最後，他從日日「玩」各種線上遊戲到現在僅剩一個最愛的遊戲，而且每天玩十五到三十分鐘就停止，漸漸遠離手機成癮的行列。

還有學生把原本玩手遊的時間，改成和家人一起騎腳踏車，以這種方式來戒除玩手遊的習慣。從每天騎車十五分鐘，到每天騎一個小時，慢慢也就不覺得休閒活動只有線上遊戲而已，他可以有更多的休閒選擇。

更驚喜的是，張校長與我分享，學生從認眞寫作業到認眞聽課，甚至下定決心用功讀書，最後設定學年成績要在八十分以上，這都是因爲建立「我是學習者」的身分認同，而《原子習慣》帶來眞正的行爲改變。

有個學生在演講時聽到我說，**養一個學習的環境很重要，我們應該學會製造情境，讓自己更有動力去實踐自己的計畫，從而建立好習慣。**所以他回到家後，馬上和父母討論如何安排一個安靜的環境，讓他可以溫習功課，並且請家人在他做完功課後再一起吃晚餐、聊天，當作這個習慣完成後的獎賞。媽媽也因爲他的改變，費心增進廚藝，爲孩子的努力學習提供實質的美食獎勵。

最動人的是，有個學生請媽媽陪伴他一起閱讀，每天增加一分鐘，意外地讓媽媽也養成閱讀習慣。兩人還一起分享好書，爲彼此設定了閱讀者的身分，獎勵是媽媽利用便利貼作爲代幣，一段時間後，就一起逛街買書、享受美食，親子關係也變得更融洽了。

習慣建立的初期或許有些難行、難熬，但是透過《原子習慣》提供的四個步驟，我們可以學會讓自己堅持習慣的有效方法。同時，也可以**向喜歡及敬仰的偶像或名人學習，將他們視爲榜樣，仿效他們好的行爲**，會爲我們的人生帶來不一樣的收穫。

習慣的養成需要不斷地堅持，好的習慣能帶給我們更多的時間自由，因爲自律便是自我管理的首要關鍵。同時我也深信，一個自律的人可以透過好習慣的建立，掌控好自己的人生，爲自己帶來更多的選擇權。

用誘惑綑綁提升課程吸引力

當我決定接下「世界書香日」活動，以情感教育為題，為馬來西亞三校的家長、老師、學生進行線上讀書會時，對我來說，這是前所未見的創新挑戰，任務也滿艱鉅的。試想，平常要在課堂上跟學生談情感教育，就不一定是件容易的事了，更何況是和國外的家長、老師、學生，以線上的方式進行情感課。要如何破冰、增進感情，讓彼此能更聚焦於議題思辨，同時納入古今作品，進行經典的對讀？

我認為，如果以傳統的上課方式，會讓一般人認為讀一本書充滿無形的壓力，甚至，臺灣的社會文化及生活背景可能和大馬的孩子們也有不同程度的差異。那麼，該如何拉近這個距離，讓他們愛上我的語文課呢？

用學生感興趣的話題帶入知識的學習與思辨

我想起了《原子習慣》的行爲改變第二法則：**讓習慣變得有吸引力**。想讓馬來西亞的朋友對我的語文課產生興趣，建立新思維習慣，我認爲可以先從課堂上的學生嘗試看看。因此，我大膽提出幫學生上一堂古人愛情課，希望讓學生感覺到：妳是被語文耽誤的情感諮商師。藉由「談情說愛」的新奇話題，不露痕跡地把古詩文帶入課堂的學習，有機會透過顛覆心理預期，來行銷一堂蘊含情感教育的古典語文課，讓他們覺得：原來談情說愛不是禁忌話題，中學生也不是被大家捆縛的對象，我們不是限制學生談戀愛，而是，他們懂得「自愛」了嗎？如果連自己的身心狀況都無法了解、無法駕馭，又有什麼能力給別人情和愛呢？

當我反其道而行，反而攫住學生上課前的好奇心。他們臆測著：老師爲何要打開這個潘朵拉的盒子呢？其實，我的策略很簡單，就是**把本來要在課堂跟學生討論的話題（古文和古人），與學生本來喜歡談論的話題（星座、情感、心理測驗、動漫哏）連結起來**。

因此，我的課堂操作是這樣的公式：

如果嚴肅地跟學生談起元稹這位詩人，說他和白居易合稱「元白」，是中唐新樂府運動的提倡者，學生可能會覺得：「我跟他很熟嗎？我爲什麼要讀他的〈鶯鶯傳〉，要背他的諷喻詩？難道我是活在過去式的魯蛇嗎？」

所以，我先拉出關於元稹的三個新穎標籤，讓學生覺得元稹「登楞」的出場方式，實在太令他們跌破眼鏡了。

- **第一個思辨標籤**：如果穿越時空，他和白居易都是負能量金句大王？

當別人說明天會更好時，元白就是要幽默地對時人說，沒錯，人生很多事都會隨著時間改變，就像你本來只是胖，久了，你就變得好胖。

還有，你必須非常努力，才能證明自己眞的無能爲力。

當時在中唐，元白這種負負得正的新式人生負能量語錄，和過往正襟危坐讀書人的形象大相逕庭，不走正能量路線，反而讓許多中唐的士大夫想要和他們當朋友，一起來點毒雞湯的生命逆思考。

這類說法馬上讓學生超有感，畢竟大家對八卦或沒聽過的名人事蹟都超級有興趣。而在大家上課上到心累時，這種令人會心一笑的說法會使大腦的多巴胺激增，讓學生覺得愉悅，無形中也讓他們對我這個外國老師有了不一樣的看法。

•第二個思辨標籤：元稹是情感界的腹黑男？

我告訴學生，寫出《浮生六記》的沈復，是清朝第一晒妻魔人，而且他很可能是巨蟹女會喜歡的伴侶，他的眼中永遠只有另一半。他的寵妻事件簿、晒恩愛的行徑足以閃瞎眾人，是個天天都在過情人節的愛家暖男！但是，元稹和沈復走的路線不同，他是高冷霸氣總裁路線。我略帶懸疑地問學生：「有聽過唐傳奇（唐代文言短篇小說）的〈鶯鶯傳〉嗎？」大家都說不知道。〈鶯鶯傳〉可能是拋棄前任的腹黑情史，根據稗官野史的說法，有可能是元稹和表妹崔雙文的初戀故事。天呀！這也太顛覆過往語文課本作家道貌岸然的人設了，教科書裡的不是百分之百要遵循的人生之道嗎？

如果我們從元稹也是一般人的角度來看，他可能就是一個凡人而已，也可能犯了男人會犯的錯，當他寫下「曾經滄海難爲水，除卻巫山不是雲」這樣的揪心詩句，不能說那是違心之作，可能是眞心誠意的情感流露。身爲普通人，我們必然會有七情六欲，也會有抉擇錯誤的時刻，你可以從元稹的作品思辨：如何給他一個眞正公允的評價？當學生找到更多事實來證明，才發現元稹可能不是情場上的好男人，卻曾是百姓心目中爲民喉舌的好官員。

• 第三個思辨標籤：大唐最甜的CP是元白。

唐代文人圈，好友間習慣互傳音信、互贈詩歌、互寫酬贈詩。李白和杜甫相互推捧，讓彼此登上詩仙、詩聖的位置，元白的堅定友情也不遑多讓。兩人的酬贈詩，白居易的〈同李十一醉憶元九〉寫於長安，以自身發生的眞實事件，道出居者之憶；元稹的〈梁州夢〉則寫於千里之遙的梁州，從夢境到行人之思，猶如心電感應般，內容相仿、寫於同日，且押的是同韻。元白詩作一唱一和，還共同編輯互贈詩文的《元白唱和集》。我問學生：「這樣的兄弟情誼比起現代講義氣的你們，是不是也屬於友情高水平呢？」

當你把學生常常會談論的話題當成開場的橋梁，讓他們覺得課程有吸引力，這就是運用了《原子習慣》中的**誘惑綑綁**策略。我透過較高可能性的行爲（喜歡談論愛情、心理測驗、星座），來強化較低可能性的行爲（語文知識的學習），就形成了這個上課模式（公式）：

1. 聽完古人八卦、星座、心理測驗（目前的習慣）之後，我會執行作品和主題的思考與學習（我需要的習慣）。
2. 做完作品和主題的思考與學習（我需要的習慣）之後，我會執行寫作業的行爲（我想要的習慣）。

建立古文新解的課室形象，提升課程吸引力

這場情感線上課程，讓海外學生和我在平臺討論熱絡，也建立了一個古文新解的課室形象。後來馬來西亞以波德申中學爲主，聯合各校的家長、老師、學

生，一起進行《談情說愛，古人超有恨》這本書的線上讀書會，匯集五百人共同參與。這也顛覆了家長對於和孩子談論情感議題的負面看法，任何話題只要進行理性溝通與事實辯證，都可以建立更正確的情感價值觀。

當天波中邀請了不同學校的老師、家長、學生，討論情感教育議題，大家各自選擇書中的一位古人作爲談情說愛的特別來賓。波德申中中學的梁翔伶與黃漢源老師、濱華中學的兩位副校長劉國寄與邱碧欽老師，以及吉華獨中的黃均泰與李欣霓老師，一起和家長、學生來一堂「愛情會客室」課程。我從心理測驗入手，讓貴賓作答後，思考自己在感情經驗上的優勢、劣勢、威脅、機會，大家打破大人和小孩的界線，各自歸入感情世界的不同類屬，找到相應的愛情觀。最後，更讓大家根據我在課堂上運用的議題思辨形式，帶出古人愛情的N種型態與觀察，內化成自己的愛情實踐，希望我們可以做得比古人更好。

我也提供自己小時候的經驗。有次我與母親分享《小婦人》女主喬的人設，滔滔不絕地說，女性不該屈就於命運，我們有權利活出專屬的人生。母親當時非常吃驚：「毋湯喔！女生就是要待在家中相夫教子，不能有這種叛逆的想法。」

母親是個性格壓抑、思想保守的傳統婦女，當我聽到她吐露女性就該三從四德的心聲時，才發現母親的愛情觀竟是如此忍氣吞聲、沒有底線。同時，母親的各種不快樂與自我設限，反而讓我勇於突破女性框架，認為未來可以自主選擇自己想從事的工作，自由地扮演現代女性的角色。所以，我也讓大家角色互換，請學生同步思考父母的情感經營與關係，以及自己可以如何與他們溝通、討論，形成溝通的共識。

最後，在大家陶然於彼此共同創造的一個適合談情說愛的讀書會氛圍時，我連結了想延伸閱讀的經典：佛洛姆的《愛的藝術》。愛是每個人一生的課題，所有人終其一生都在學習「談情說愛」，而《愛的藝術》書名中的「藝術」二字，隱含著「愛」沒有標準答案或實踐方法，每個人都在摸索與探究屬於自己生命的愛的藝術。如果可以讓青少年越早學習／練習什麼是愛，以及如何愛自己和他人，從愛情到世界之愛、從自己到他人，置身在善意流轉與愛的氛圍裡，或許，當我們在一起實踐愛的過程中，感知到自己越來越能落實佛洛姆所說的實踐愛的基本要求——紀律、專注、耐心與無上的關注——就不會再害怕和孩子「談情說愛」了。

透過這次與馬來西亞超過五百個朋友一起進行的線上讀書會，我發現：**誘惑綑綁**這個簡單的策略，讓我建立起「學習是輕鬆的，思辨是生活的」這個課堂討論習慣，同時也讓往後與海外的老師和學生進行的互動課，比原本的設定更有吸引力與擴散力。

原子習慣讓海外閱讀推廣跨越時空藩籬

小時候，我有些微的社恐，甚至與人交談都會臉紅心跳、不知所云。有時候，學校舉辦大型活動，必須人人上司令臺說故事，或是因應抽背單元，必須到講臺上接受測驗，我都會煩惱到惴惴不安，無法入睡。這樣的我，卻在命運的安排下，因爲種桃李、舞春風的職涯選擇，開始從事教職。這個需要溝通表達的工作，讓我從兒時的靜默寡言，轉換到面對學生侃侃而談、自信滿滿，畢竟在專業領域，每個人都應抱持責無旁貸、全力以赴的工作使命感。但，問題來了：在校園內面對學生授課，因爲長期累積，分享的成效十拿九穩；可是面對校外的閱讀推廣活動，我從一開始毫無經驗的害羞背稿，不斷磨練自己到鞭辟入裡的程度，這樣的挑戰與學習，讓我在擅長的講題上如入無人之境。在這如同唐代詩人賈島〈劍客〉中的詩句「十年磨一劍」的過程裡，我找到躍遷需要的專注與持續力。

就在持續深耕閱讀推廣十年之後，我陸續受邀到澳門、香港、馬來西亞、新加坡等地參加各種形式的研討會，與國際閱讀夥伴分享在中學校園推廣閱讀的實況，以及臺灣目前閱讀推廣繁花盛開的景致。

習慣是身分認同的具體化

以書會友的快樂，是透過每日細微的改變，帶來自己在閱讀推廣上的巨大成果。我一直深信，每天累積一點小小的改變，日積有功地產生複利效應，同時也會改變自身的態度、行為、性格。以二〇二二年受邀到新加坡參加「世界書香日暨文學四月天」活動為例，深究自己雀屛中選的原因，是長期以來建立了一個重要的身分：青少年閱讀推廣者。每到假期，無論是社區讀書會或他校的閱讀活動，我都樂此不疲地參與。和同好在打造書香校園的理念下，互相觀摩，共同舉辦講座、閱讀活動，執行任務時，結交到更多志同道合的同伴。

就像《原子習慣》提到的，**利用具體化行為進行身分的改變，容易建立一個新自我；同時，習慣若能持續進行，就能深化自己的身分認同，也讓更多人信任**

你的行爲。例如，當我決定自己的身分是「閱讀推廣者」時，就每天透過閱讀推廣的行動來證明自己推廣閱讀的價值。

我立定目標，每天完成，從二〇〇六年至今，我已經在閱讀推廣這條路上持續了十七年。這個身分不只讓我的人生變得更美好，也讓我在閱讀推廣中提升自己看待世界的視野。猶記有一次打開邀約演講的信件，它的文字深深觸動我的心扉：「我們是新加坡『世界書香日暨文學四月天』活動的主辦方，每年都會邀請本地和海外著名作家、教育人士前來擔任主講嘉賓。論壇往年邀請過陳若曦女士、張大春先生、黃春明先生、鄭愁予先生、黎紫書女士、洪蘭教授、管家琪女士和鍾怡雯教授等前來分享。素聞您在推廣閱讀和教學上獲得許多獎項與殊榮，著作以有趣的方式探索閱讀和文學，十分貼近中學生，親和的風格更是深受學生喜愛。」

這段溫暖體己的文字讓我熱淚盈眶，也深受激勵。閱讀與文學或許不僅止於和風徐徐的四月，但這次的邀約活動，我期待它會是一個開啓閱讀與文學的美麗起點。因爲文字的感召，我願傾盡全力，讓每個青少年都能快樂地翻開一本書，或是打開電子閱讀器，或是瀏覽社群平臺的好文，用自己習慣的方式去親近閱讀。每天閱讀一點點，讓閱讀的行動變得輕而易舉，讓自己因每天親炙閱讀，而帶來人生情韻與生命風采。

主講之前，新加坡《聯合早報》事先採訪了我。對我來說，這也是一個閱讀推廣者十多年來的自我爬梳與整理。後來，專訪文中給了我這樣的評價：「宋怡慧是一位以語文教育為志業，不斷更新教學方法，並著書推廣閱讀的作家老師。對她來說，閱讀不是應試，而是人生功課，文學能提供無用之大用。」這猶如被深刻讀懂的一段文字，讓我感動不已。閱讀推廣者就像閱讀播種者，春耕、夏耘，辛勤揮汗，必然能歡笑坐看閱讀芳馨綻放的勝景。

原子習慣讓閱讀推廣變easy

推廣閱讀，我最常做的是讓教學歷程融入「動手」的趣味、「思辨」的靈光。當孩子真正感受到閱讀的樂趣時，你要搭建他的閱讀能力就相形簡單了。那麼，如何讓閱讀變得有吸引力？我最常用的是《原子習慣》提到的行爲改變第二法則：**讓習慣變得有吸引力**。

前面提過，習慣的養成會經過三個階段，分別是反抗期、不穩定期和穩定期。我讓學生將一些自己喜愛的事物和想要養成的習慣連繫在一起，不斷地自我提示，以及適當提供讓習慣簡單易行的協助，這對孩子建立堅持閱讀（文學）的習慣是十分有效的，也能幫助他們度過習慣培養初始的反抗期及不穩定期。

舉例來說，文學人物的生平其實可以和心理測驗進行**誘惑綑綁**。學生可能不喜歡文言文，那我就進行「最像哪位古人」的心理測驗。他們從抗拒認識古人，到「我就是你的前世今生」，屈原、王維、諸葛亮、曹雪芹、韓愈、王安石、袁宏道、謝道韞、墨子與張衡等古潮人，全都變成班上同學的前世。例如，在「最像哪位古人」心理測驗中得出的答案是屈原的學生，就會透過ＳＷＯＴ分析，從古人到自己，看見自己個性的優勢與劣勢，找到自己的機會和威脅。然後，我進一步問他：我們可否超越屈原？今世的我們能不能避開他人生的坎，同時也活出前世今生共同的獨特？

接著，我再運用《原子習慣》的行爲改變第三法則：**讓行動輕而易舉**。我告訴學生，因爲有前車之鑑（前人的生平事蹟、遭遇），所以每天要運用**兩分鐘法則**改變自己今世的命運。這樣的說法會讓學生無痛無感地進入挑戰學習區。

這或許也是現代語文教育的價值：讓孩子從生活、從自身去認識經典，去體會經典和自己的關係，甚至在人生遇到重大挫折之際，古人就像個提燈者，其言行可以爲孩子的人生提供指引。把讓孩子有感的有限學習帶入課室，把有用有趣的知識，轉換成學習的養分，當學生學會和古人透過安靜的文字對話，跨時空與古人的心靈相契，彼此撐腰，這就成爲孩子面對生活困境與抉擇時引導的光。

我爲孩子搭建與古人溝通的橋梁，在不違背古人原意的前提下，以潮語白話進行觀念的轉譯，把古今相似的視角拉成同框、思維調成同頻，讓他們站在同一個位置理解世界、解決問題，援引古人智慧，成爲生活的養分。這種教（學）不厭也教（學）不倦的內在豐盈飽滿，符合《原子習慣》的行爲改變第四法則：**讓有形與無形的獎賞令人滿足，就能持續不輟地進行目前的行爲**。

就像我喜歡蘇東坡，是因爲無論遇到什麼樣難言的挫折，甚至貶謫之斲傷，他都怡然自在地接受它。當你什麼都沒有的時候，才能展現真正熱血活著的豁達姿態。這樣的舉例，可能比逼著孩子背蘇東坡的〈定風坡〉更有意義——當你遇到生活風雨的打擊，你想起一位可親可愛的朋友蘇東坡，他用作品告訴你：雨後會有七彩的虹，你要安然等待。

記得在導讀《小王子》時，有學生舉手問：「老師，我不認同小王子始終愛著自己星球上那一株玫瑰的做法。當你已在其他地方遇見過五千朵玫瑰了，就應該知道，世界上有那麼多美好的事物，一個人何必眷戀著過去呢？」孩子願意說出個人看法，也願意重新調整自己生命選擇的思維，讓我更認識新世代的學生。孩子的看法或許和小王子的初衷不同，小王子把玫瑰當作自己的初戀，愛給予他耐心與包容力，願意彼此磨合，放下姿態、磨平稜角，因爲她是這世界上唯一他想照顧的人，愛讓自己愛對方勝過自己；但，孩子說的是佛洛姆在《愛的藝術》中提到的「自愛」，當一個人內在夠疼惜自己時，才有能力愛人，而非情緒勒索。

不同的經典作品，歷經不同的世代，用世代同理的方式去重新詮釋與體會，經由不斷對話擁有共識，這就是閱讀帶來的無形又強大的獎賞。

AI時代，許多慣常的事物都在改變，推廣閱讀也該與時俱進，但要有所堅持，你可以是優雅的老派，也可以是酷帥的嘻哈。運用《原子習慣》的法則讓孩子養成閱讀習慣，是我在海外推廣閱讀最大的收穫。當閱讀變成像呼吸一樣自然的習慣時，你會感受到：閱讀時時刻刻都在你身邊。

從執行習慣契約，成功完成海外教師培訓

長期執行《原子習慣》的四大法則，我成功培養規律運動、正向心念、善意溝通等好習慣，也革除虎頭蛇尾，一天打魚三天晒網的惡習。但是，影響我甚深，同時也快速影響他人的做法，是《原子習慣》中提及的**習慣契約**。我第一次使用它，是用來確認自己每年要完成的目標，並透過不同階段（時間）進行自我目標控管。

我的寫作習慣契約

最早把這個做法付諸實踐的是企業家布萊恩．哈里斯。哈里斯當時是爲了自身健康，想要減磅，於是與妻子及私人教練共同簽署了一份習慣契約，由妻子與教練擔任**問責夥伴**，在契約中明列自己每天應該做的事，並如實記錄。最後，哈

習慣契約

一年完成兩本書的出版。

你的首要目標為何？	若未能遵守，會有什麼後果？	誰來監督你？
持續每日寫作。	給監督者未完成日 500 元新臺幣。	母親陳美玉

你的簽名／日期 宋怡慧 2022.01.01　夥伴的簽名／日期 陳美玉 2022.01.01

里斯成功減重了，而且成效快速，讓許多人起而效尤。

他的做法是：**清楚表明自己承諾投入某項特定習慣，以及未能貫徹時會有的懲罰，同時必須找到一到兩人來擔任「問責夥伴」，因爲有人監督，才會有更強大的動機去執行且完成任務。**

習慣契約可以是口頭，也可以是文字。我習慣用文字的形式，讓文件具有提示意味，也利用具體可行的目標，方便執行。上圖就是我爲寫作立下的習慣契約。

立下習慣契約後，再進行細部的執行契約（請見下頁）。

宋怡慧的第一季目標

宋怡慧與陳美玉之間的協議，從 2022 年 1 月 1 日開始生效。
宋怡慧在 2022 年第一季的首要目標，是認真執行作品的出版，好讓自己透過書寫提升內在力量、進行自我對話、擴展文字善意，並且達成半年出版一本書與每日書寫字數達 500 字的長期目標。

宋怡慧想要透過兩階段來接近長期目標。

- 第一階段：2022 年前半年每日在臉書嚴格執行「文字日更法」。
- 第二階段：2022 年後半年開始仔細追蹤作品檔案的完成度。
  前半年把兩本書的寫作素材找齊，循序漸進在每週六、日完成作品，傳給編輯。後半年全盤追蹤出版作品完成度。

下面是第一季的確切目標、後果，以及問責機制。

■目標

宋怡慧在第一季的確切目標如下：

- 每日完成 500 字作品，並且每天閱讀主題相關書籍。
- 閱讀記錄須在每天早上六點之前完成。
- 文字作品須在每天晚上十點之前完成。
- 除了上班時間，隨時都可以記錄（最好是一早起來就書寫發文）。如果宋怡慧沒有做到，將被迫面對以下後果：

■後果

宋怡慧第一季未達標的確切後果如下：

- 我必須在後半年的每個週六與週日到星巴克（咖啡館）寫稿。
- 寫稿時間是早上八點到下午五點。

宋怡慧將透過遵循下列規範負起責任：

- 我必須每天在臉書分享日更文，並請陳美玉監控我的臉書進度。
- 若有一天忘了記錄或發文，我必須給美玉姊 500 元，隨她花用。

下面的簽名代表宋怡慧對達成這些每日目標的承諾，也代表陳美玉承諾要支持並監督宋怡慧。

〔宋怡慧的簽名〕宋怡慧　　〔陳美玉的簽名〕陳美玉

細部執行契約

此外，我認爲作者是光，編輯是影，光和影缺一不可，遇到好編輯，就像遇到好老師，他會幫你看見更好的書寫模式。所以在建立寫作習慣這件事情上，若能讓編輯也擔任自己的問責夥伴，寫稿的效率與質量會更加神速與完美。

爲海外教師培訓打造閱讀推廣習慣契約

若把這個理念也用在海外閱讀教師的培訓上，是不是能讓培訓的速度與效能更躍遷呢？

初始我心想，平日在學校要找到志同道合的老師一起利用空堂共備課程，就不一定能運行得順風順水了，面對複雜度更高的海外師資培訓，會不會更加困難呢？當我興起這個念頭時，腦海突然浮現「問責夥伴作用大」這幾個斗大的字，因此就想試試利用在寫作出版上一直很順手的**習慣契約**來挑戰看看。

在第一次海外閱讀教師培訓的共識營中，我們都認同自己應保有《逆思維》一書中的「聰明的謙遜」，讓自己提供優勢、合作劣勢、創造教育的新趨勢。同時，面對全球教改浪潮，學生也將面臨未來生活會出現的諸多議題，如氣候變遷、海洋生態問題，這不是單一領域或學科知識就能解決的。那麼，教師應該如何看待自己的角色？一如美國歷史學家亨利．亞當斯（Henry Adams）說的：「教師的影響無止境，他永遠不知道這影響力遠至何處。」

而在培訓共識營氣氛達到高潮時，我順勢拿出閱讀推廣習慣契約，讓所有夥伴一起簽署。大家有共同的推廣目標、階段性任務，量化的數字讓我們成爲彼此的監督人。你知道有人看著，就會有強大的動力，這用在海外跨校教師培訓課程，成效良好。這份閱讀推廣習慣契約打破空間、時間，以及人力物力的限制，讓我們擬訂多元且務實、線上共學進修的研討計畫，進行跨領域、跨學科的統整學習，服膺全球新課綱的精神，投入改變學生學習的全新樣態。

同時，我也邀約彭待傳老師、溫展浩老師、陳茂松老師、石惠美老師、邱照恩老師和葉念祖老師，擔任各校閱讀推廣教師的監督人（分組陪伴導師）。透過線上共備，每月一階段地執行，歷經四個月，創思聚焦、計畫擬訂、課程執行、反思突破，不斷回扣「跨閱與超閱」的目標，以合作互助的共備學習模式，每天進步一點點，回應「你不用很厲害才能開始，要開始才會變得很厲害」的團隊默契。每次研討都聚焦在階段性任務的執行，並在習慣契約中得到正面回應，監督人都會暖心地提醒、再提醒，甚至從中協助，讓每個人都能做到自訂的小目標，找到不斷突破框架的大腦升級力——成長型思維。這讓我看見問責夥伴不只是用來監督而已，更重要的是，他爲執行者點上一盞方向之燈，讓習慣契約有機會確實完成。

這次的閱讀合作經驗，也讓我從海外教師的習慣契約中找到專屬的核心價值：眞正的幸福，是你願意陪我一起走。當老師看見孩子的課室學習從考試技巧中跳脫而出，並把知識運用於生活中，深究知識本質，成爲不怕困難、樂意動手做的人時，這種立即的正面回應讓老師知道，自己的改變也激勵學生願意跳出舒適圈；而老師願意重新設計素養課程，這個形象深深烙印在學生心中，也成爲他們突破框架的典範人物。

習慣契約也讓我們從實作體驗中看見教學盲點，從共備討論中發現教學亮點，找到結合議題、探究實作的閱讀課程，訓練學生獨立思考、創新思維、解決問題等能力，同時也開拓學生「世界公民」的視野。這條路沒有錯，雖然有些艱辛，卻實踐了名言：「一個人走，走很快；一群人走，走很遠。」

凡事都能原子習慣化的超級原子習慣執行者

溝通及資訊專家凱倫．維克爾（Karen Wickre）說，人際關係對某些內向者而言，是很大的門檻。認識新朋友比經營故交舊友困難太多了，而且，我們通常都屬於佛系交友類型，不勉強，不刻意，不做作。但因為我信仰的閱讀，我已無法滿足於獨善其身的閱讀者身分，透過《原子習慣》提供的策略，我得以先從善意人際做起，再外擴到海外教師的培訓。

建立一個習慣看似不容易，但是方法對了，你就無須走冤枉路，可以讓自己享受專注執行的心流階段。社交專家伊凡．米斯納（Ivan Misner）說：「社交更像種田，而非打獵。」這句話深植我心。耕耘者用心呵護禾苗，全然專注地付出，足見秋收冬藏的勝景。對內向者而言，我們雖然無法像外向者那樣活潑搶眼，但願意靜默觀察、花時間傾聽，是我們在社交上的強實力。從善意利他的角度做起，讓我的閱讀推廣不只局限在自己的眼界，反而是透過安靜傾聽與細膩觀察的力量，讓各校能在共備的標準化流程中，盡情深掘自己課程的強項和風格。問責夥伴的身分也讓我保有觀察的好奇心，與執行者齊心協力，完成共同簽訂的習慣契約。而從無壓力的習慣建立，到有壓力的習慣執行，我也成爲一個凡事都能原子習慣化的超級原子習慣執行者。

或許，大家都還在猶豫自己能否建立良好的習慣，或是確實革除壞習慣，而從我自身的改變、寫作出書及海外教師培訓的經驗中，相信你也可以自信地跨出第一步，爲自己立下一個習慣契約。讓我們有機會用全新的面貌，展現建立好習慣之後的自信風采吧！

〈後記〉

原子習慣實踐者的故事

自從運用《原子習慣》的四大法則進行生活實踐之後，我學會晨起後用文字祝福自己，睡前以文字反思一日之所爲。習慣絕非一天、兩天能建立的，它像是滴水穿石的現象，細微的改變最終帶來巨大的成就。

當朋友發現，我竟在二〇二二年出版了三本書，甚至讓體脂維持在正常的範疇，書寫風格也有迥異的轉彎時，我眞誠地說出《原子習慣》對我這三年生活的影響。沒想到，身邊的人紛紛響應，《原子習慣》實踐的同溫層眞的很厚實；更幸運的是，執行的歷程中，我不斷聽聞身邊許多好朋友也正走在實踐《原子習慣》的美好旅程裡。

習慣也帶來心境的轉變。以前我看世界的角度比較灰濛悲觀，後來習慣每日睡前記錄三件美好之事，心境有了很大的轉彎——晴朗無雲，代表今天燦爛無比；霪雨霏霏，代表今日詩情畫意；起風了，享受髮絲紛飛的浪漫；花開了，擁抱繁花綻開的芳馨。有人問過我，人生是苦還是樂？我認爲是以苦爲基底，加點人情的蜜、生活的甜，苦澀中含甘醇。每日恭謹地爲自己和身邊的人寫下「歲月無憂，平和靜謐」的祝福，或許，無力與命運做太多對峙，倒是書寫美好的習慣，讓我學會領受與感謝所有的「發生」。

《原子習慣》讓我們有機會建立好習慣，不再愧然，同時也讓我們活成一道有溫度的光，微微地亮著。因而，我選擇五位好朋友眞誠有趣的實踐故事，歡迎大家走進我們的「原子習慣」行列，一起慢慢走，在人生的馬拉松裡，穩穩地、愉快地向更好的生活邁進。

吳昌諭：建立日更書寫習慣！成爲時間管理人

當我看見吳昌諭主任在臉書建立「#日更D1昌諭」的訊息時，就持續關注昌諭的臉書發文動態。後來，更發現昌諭發文的質與量十分穩定，而且有向上躍遷的曲線，做每一件事都有動心起念的契機，因此在他完成一百日更後，我私訊問他是否有什麼策略，讓他能在寫作的路上實踐「苟日新，又日新」的書寫日常。

他客氣地說：「我自己也是《原子習慣》的實踐者。想要做日更書寫這件事，是很久以前就有的念頭，而看到《原子習慣》提到，養成好習慣，只要善用四個簡單的步驟，就能感受到滾雪球般的成果！這些話實在很吸引正想要進行日更的自己。過去我也有很多想做的事，但常常做到一半，就有很多藉口讓自己停下來；這次，我想要向怡慧學姊、立中老師看齊。尤其是歐陽立中老師，閱讀、寫作、演講、說書，面面俱足、樣樣精通，甚至跨足主持、Podcast日更等範疇。當別人可以爲自己的理想，日日實現擴點經驗，我也想爲自己喜愛的書寫，立下一個日更目標，進行自我挑戰。」

昌諭以《原子習慣》的行爲改變四法則，透過「日更」，培養自己成爲終身書寫者；一點一滴的積累，更是恆毅力的實踐。他曾以Sandy吳姍儒的文句如是說：「即使被人錯待，也不可以錯待自己。透過書寫，你會看見世界因你的存在，有了獨一無二的價值。」這句話說明昌諭透過書寫，找到自己生命的主控權。而爲了不要再爲懶惰找藉口，昌諭讓自己在臉書公開宣示要進行日更的書寫活動，讓讀者成爲自己建立書寫習慣的監督者，這也讓昌諭更有動力去完成這項書寫挑戰。

聽完昌諭的日更動機，我意外發現他善用《原子習慣》的「**讓提示顯而易見**」和**身分認同**。同時，他會隨身帶著小本子，或是打開手機備忘錄，善用零碎時間記錄書寫素材。他運用零碎時間認眞記錄所見所感，並每日在隨手記錄之後，利用接送小孩的等待時間，將資料整理成文，最後在夜間家人進行各自的活動時，上傳每日文章，並與留言的臉友互動。

剛開始，昌諭不強迫自己一定要長文成篇。他先以拍照取代書寫，並且簡單以四個主題將文章分類：教學、閱讀、生活雜感、工作（學生事務）紀錄。固定又有系統的書寫，讓他很快就被臉書同好關注，甚至與他合辦一些美字書寫活動。昌諭愉悅地說，這些都是書寫帶來的立即卻意外的回饋，更激勵他每天利用這四個系統進行日更書寫。

亞里斯多德說，我們的重複行爲造就了我們，所以卓越不是一種行爲，而是一種習慣。書寫讓昌諭重整零碎時間，並且利用簡單的法則，串接書寫的邏輯，享受管理時間的快樂，也擁有勇氣去正視自己想做的事，而不留下半途而廢的遺憾。他因爲日更，有了達成目標的動力，同時也因爲分享文字，讓許多人從中獲得能量，進而改變，這或許是日更書寫帶來的眞正幸福。

泰戈爾說，把自己活成一道光，因爲你不知道，誰會藉著你的光，走出黑暗。因爲相信，我們都把自己的善意變成一個又一個的好習慣，改變了自己，也影響了他人。

原子習慣實踐者

吳昌諭

一位不像國文老師的國文老師。跨界教學與行政現場，喜歡傳統與創新兼容。樂於分享講臺上的教學設計，以及講臺下的生活閱讀。目前致力於透過原子習慣，創造無限的價值。

張永慶：不放開任何一雙手的教育家！
爬山培養豐碩的領導成果

馬來西亞波德申中華中學的張永慶校長常在臉書分享自然美景，畫面都情味有致，他的隨意拍，在臉友眼中都是留下時光吉光片羽的美麗。而那些黃昏落日、山上打卡，竟然都來自他日日爬山的習慣「順便」帶來的意外成果。

張校長滿懷暖意地說，每個人都應該爲自己設定一個**身分認同**。他熱愛山林，喜歡獨自攀越層巒疊嶂的感覺，與身邊的一草一木共處，培養自己執行目標的毅力。他常在登山的過程中，思考今日學校發生的事，往往會靈光一現，獲得解決問題的方法。

《原子習慣》提到一點改變會產生複利效應，如滾雪球般帶來豐碩的人生成果。剛開始，張校長是走海灘，這成爲日常的放鬆時刻，大有一日不到海邊，就好像還有更重要的事情沒有做的感覺，全身都覺得不舒暢，這是建立運動習慣的概念。接著，爲了讓身體出汗，他會驅車到半小時車程的丹絨端（Tanjung

Tuan）爬山，這是馬六甲海峽邊上的一個峽角，從山腳往上，可抵達馬來西亞第一座燈塔，它有一百八十五年的歷史。而從海邊往上爬，經過攀岩地帶，可登上兩百二十三公尺的白石山（Bukit Batu Putih）。這需要一定的體力來攀爬，開始階段無須勉強自己一次登頂，可量力而爲，現在張校長已經可以一口氣直達山頂，全程費時一個半小時。這成爲他必須堅持的運動，以保持強健體魄、頭腦清醒，迎接每一天的教育挑戰。

從海濱爬上白石山的過程中，雙腳踏實地踩在大地上，雙手觸摸岩石，這種感覺對張校長是最暢快的獎勵。他形容爲與大自然融爲一體，聆聽山的心跳、風的輕柔，享受暴汗淋漓，進行身心排毒。森林的芬多精令疲憊的身軀瞬間清醒，爬山後竟然不會疲倦，反而精神奕奕，教育第一現場的種種遭遇，都可以在此得到最大的自我療癒。

在執行《原子習慣》的四法則時，張校長最大的收穫是：每日都會運動，至少三天完成一趟山巡的攀越，讓自己可以維持良好的體能和精神狀態。其附帶的收穫則是，張校長會遇到許多爬山同好，例如馬來友族的爬山者，從陌生到熟悉，慢慢成爲山林朋友，也促進民族之間的關係。

沿途的美景，每日都有不一樣的新發現、小改變。途中不只有熟悉的花草樹木老朋友，還會發現雨後冒出的蘑菇、鮮草、小花，它們是新朋友，偶爾出現的蠍子則是行旅的驚喜。還有突然出現眼前的老鷹，像是搏扶搖而上的勇者。海灘上則有落花、貝殼，伴隨浪潮，它們都成爲張校長手機拍攝的對象。對執行爬山運動習慣的張校長來說，這段旅程的探險是最好的餽贈（獎賞）。

就像村上春樹把跑馬拉松這個習慣寫成一部小說，從每日五點晨起的鬧鐘說起，到最後愛上四十二公里的全馬，他的故事和張校長這段經歷有異曲同工之妙——他們說的都不只是運動這件事，而是嚴於律己的精神。運動是張校長精神意志持續勃發的累積，更是堅持習慣、綻放生命力量的實質成果。他含笑地說，從爬山到擔負教育責任，山林不放棄任何一位旅者；呼嘯的海風、黛綠的山色召喚，讓他腳步不停。一如張校長懷抱對教育的愛，以及不放開任何一雙手的有情堅持，任何學生到了他面前，只要給他一個支點、一個支持的理由，他就會把學生撐起來。原來，一個好習慣改變了一個人，一個人的好作爲影響了一群人。

原子習慣實踐者

張永慶

馬來西亞波德申中華中學校長，為海外第二代華人子弟，政大新聞系畢業，後來進修教育博士學位。曾任職於馬來西亞華校董事聯合會總會和新紀元大學，也曾擔任馬六甲培風中學校長。早期出版多部青少年著作，廣受歡迎。

姜兆彤：「馬甲線公主」不再是美夢！
細微改變帶來看見

兆彤高二那年立志成爲馬甲線公主，可惜三分鐘熱度，在意志力與懶散拔河過後，她高舉白旗投降。直到大四下學期，才又因爲體育選修重訓課，開啓微型的「女力」人生。

剛開始，她先從十五天的腹肌訓練挑戰著手。十五天很快，兆彤在自律的實踐裡得到達標的成就感，於是延長挑戰，變成五十天；五十天後，她越過失望之谷的考驗，繼續朝著百日「女力」人生邁進。然而，因爲適逢畢業季，友情餐敘接踵而至，體脂開始大肆猖獗，體重也「過癮」得飆漲……

兆彤的馬甲公主人生第一次挑戰，宣告失敗。

後來，她看到《原子習慣》書中的這句話：「如果每天都能進步百分之一，持續一年，最後你會進步三十七倍。」這樣的文字激勵，讓兆彤興起第二次實踐的動力。因此，她按照《原子習慣》的四個法則去達標，特別是法則二與三。

法則二是「**讓習慣有吸引力**」。兆彤每天外出以運動風的穿搭爲主，保持隨時都可以運動的狀態，也減省運動前返家換裝的時間。此外，漂亮又貼身的運動服會讓人更有意識地注意體態與縮小腹。像這樣，由內而外地執行，再由表而裡地堅持，成爲不折不扣的「運動咖」便不再是遙不可及的夢想。

法則三是「**讓行動輕而易舉**」。兆彤利用租屋的便利，只要步行五分鐘，就能抵達健身房。同時，她也讓肌力訓練的執行變得簡單，辦公桌抽屜和背包內就放著拉力帶和翹臀圈，因爲器材唾手可得，隨時想運動就練個五分鐘、十分鐘，每日累積起來的訓練量也是相當可觀。

當運動變得有吸引力，也變得輕鬆易行，就能讓建立運動習慣的阻礙變小，有利日後不斷達標！

此外，兆彤爲自己建立一個「馬甲公主」的身分，做到「**提示**」這件事，並且因爲健身房的會費是固定的，也提醒自己「去越多，賺越大」。而只要完成健身房的訓練，回家就可以開心躺床、追劇，開啓自己的另類休閒人生——這樣的**獎勵**，也是很吸引人的內在回饋。

兆彤眼露堅定地說：「一個人生活時，透過專注於成爲馬甲公主，不斷開啓內在的自我對話。在健身房如果能擁有良伴砥礪、互相扶持，會讓人覺得不孤單；但如果可以享受一個人的重訓和不受牽絆的自律，也是做自己的自由。」

兆彤的馬甲公主人生讓我發現，任何習慣的建立，沒有「不能」或「沒辦法」，只有你願不願意，或是有沒有用對方法！

原子習慣實踐者

姜兆彤

異地獨居、在職進修的新進教師，實踐「善待日常就是珍視自己」，化限制為祝福。平時除了健身，也會下廚、分享減脂料理，偶爾抄字說書，期待邀請大家一起內外質感兼具。

IG：tera_jhao

劉又瑄：每日書寫帶來美好人生！因累積帶來的奇蹟

又瑄一直是國立臺灣圖書館「終結句點王」線上讀書會的忠實讀友，當她聽到我分享《原子習慣》這本書時，就想要實踐看看。不過當時或許還處於臨淵羨魚的階段，找不到眞正「退而結網」的執行力。

後來，又瑄聽到我與謝文憲的書籍對談，她發現憲哥雖然因爲新冠疫情失去許多實體課程的開設機會，卻不抱怨、不生氣，反而每日寫下美好的事情，讓自己學會擷取生活中的幸福時光，並透過文字記錄下來。這讓又瑄深受觸發，加上看到我在臉書串聯臉友，一起執行「每日書寫三件美好的小事」，於是她突破害羞的性格，把自己生活中值得書寫下來的，與大家分享，並認爲這件事的確很有意義。

讀書會的碩珊原本不愛閱讀、不喜歡書寫，後來因爲大家開始執行這件事的揪團動力，久而久之，又瑄發現碩珊的文筆進步神速，甚至讓人被她的文字感染，對人生也充滿積極樂觀的想像。另外又瑄也發現，臉書有每日動態回顧，也就是「歷史上的這一天」的概念，如果你有留下紀錄，就能再次回憶起往日時光。

又瑄跨出了這一步，並結合《原子習慣》的四大法則，至今這個「書寫每日美好」的習慣，已經執行超過一年了。她臉泛笑意地說：「這一年來，有讀書會的姊妹碩珊、淑綿、心怡、采瑢、慧婷、怡珍、波波、昭嘉、羿禎、聖秋的陪伴，覺得很幸福，甚至認識臉書上的手寫字女王趙蕙英老師，趙老師常常分享自己的療癒金句手寫卡。因爲每日書寫美好的事，意外結識許多正能量爆棚、待人和善的臉友，彼此打氣，順利穿越許多生命的低谷。」

從《原子習慣》的實踐裡，又瑄體認到，習慣是一點一滴堆疊而來，建立好習慣帶來的改變也不是一朝一夕就可以看到的。剛開始，你或許會認爲做了並無法有立竿見影的效果，但寫下美好、感謝、感動、快樂、喜歡、開心的事，對自己人生的影響卻是長遠而巨大的。

又瑄自信地說，做好《原子習慣》的第一個法則「**提示**」，讓自己先求有，再求好，開始做了，就不會停在擔心是不是很難的階段。而揪團實踐，讓她發現朋友間相互激勵的重要，這是她執行第二個法則「**讓習慣有吸引力**」的祕訣。同時，她會做好目標計畫，不用設定得太難，依次確實執行，就可以每日超越昨日的自己，**讓一個習慣的建立變簡單**，這是很重要的法則三。而透過書寫與自己對話，發現每一天都充滿活著的意義，甚至懂得感恩、珍惜，成爲更好的自己，這就是生命最大的獎勵與回饋，也符合《原子習慣》的第四個法則：**讓獎賞令人滿足**。

我非常喜歡又瑄說的「持續做，堅持做」，好習慣才能陪自己走得遠、走得久。

原子習慣實踐者
劉又瑄

一名藥師，投入學校故事志工行列，結交一群愛閱讀的夥伴，進而認識怡慧老師，逐漸養成閱讀習慣。期許自己向怡慧老師看齊，持續用文字記錄每一天的美好時刻。

黃浩勳：好習慣拉自己一把！你是自己生命的貴人

認識浩勳多年，對於他常在臉書分享運動與跑步的經驗，總是心有戚戚焉。能夠把一件事堅持到底、不斷執行，甚至越做越好，這不是奇蹟，是習慣的累積。

我對於浩勳的運動習慣是從何時開始、如何切實執行，腦袋裡有很多疑惑，因此積極與浩勳連繫訪談的時間。我記得浩勳有些幽默地說：「二〇一四年我參加第一場半馬（二十一公里），那時候是男D組，三十歲組，當時還是年輕小鮮肉。」接著就陷入一陣小安靜。我忍不住追問：「然後呢？」他害羞地說：「如果沒有遇到《原子習慣》這本書，我的運動人生可能就真的巴比Q了，那場半馬或許就沒有『然後』可以說了。」

二〇二二年一開始，浩勳設定的目標是重新參加半馬。這一晃眼，就是從年輕小帥哥變成中年熟男C組，參加的是四十歲組的比賽。浩勳認真地說：「《原子習慣》讓我明白，練習實踐才是王道。我在跑馬拉松的自訓過程中，不斷提醒自己要善用法則一的『**提示**』，採取了公告周知的策略。還有，要讓跑步**有吸引力**，就是要不斷對這個行爲產生渴望，而具體可測的目標，啓動了我想要改變的欲望。同時，法則三『**讓行動輕而易舉**』，讓我設定合理漸進的跑步計畫。最後，每次成功完賽的畫面，都超級鼓舞我邁向下一個刷新自己跑步紀錄的新紀元。」

我印象最深刻的是，浩動告訴我，世界馬拉松紀錄保持人埃利烏德．基普喬蓋（Eliud Kipchoge），在二〇一八年的全馬（四十二公里）刷新自己的世界紀錄，創下兩小時一分三十九秒的驚人成績；二〇二二年，基普喬蓋再次把紀錄向前推快三十妙。這個驚人的成績讓浩動驚覺，自己的半馬比賽都還沒跑完時，被稱爲「馬拉松之神」的男人早已把全馬輕鬆完賽了。他問我：「如果我跑的半馬時間，是別人跑完全馬的紀錄，這會讓自己洩氣嗎？」其實，我應該不會，因爲《原子習慣》要我們建立的是一個**身分的認同**，並非數字上的競逐。強者如林，恰好讓自己有依循的目標，我們可以用一輩子去實踐、去進步，去以這個身分躍遷，就像浩動說的：「後見來時路，你會知道自己一路走來也是不容易的。」

《原子習慣》的觀念恰好協助浩動建立一個永久良好的運動習慣，因爲他把系統運用在正向思考的習慣上。

我記得浩動在訪談結束前說的一句話：「每天進步一點點就好。做任何事，有人做得快，有人做得慢；有人態度積極，有人從容不迫。最後，你都要相信：陽光會灑落在你的時區。」這句超級熱血又感人的話，和《原子習慣》提到的概念吻合：**習慣的建立最重要的，是你願意開始的勇氣，以及願意每日每日繼續堅持的毅力**。

就像浩動說的：「在跑步的過程中，你要不斷提醒自己：你可以跑得很慢，但絕對不能停下來，堅持比完美更重要。常常聽到有人一直詢問成功者，做事的絕招是什麼？但是當別人認眞分享後，卻永遠不去嘗試。」沒錯，只要不斷地執行，每日累積，我們就能拉自己一把；但如果你都不願改變，不想成爲拉自己一把的人，即使聽到好方法，也無法透過實踐，讓自己的生命升級與晉級。

若能善用《原子習慣》的力量，建立好習慣、自我實踐，就能透過改變，讓自己成爲自己生命的貴人。

原子習慣實踐者

黃浩勳

一個喜歡簡單樸實的中年男子，認為原子習慣是建立習慣的系統，簡單不花巧，讓人一步一腳印，盈科而後進，養成習慣、塑造行為，改變人生態度。他藉此找回跑步習慣，貼上跑者標籤。現在準備利用原子習慣，尋找下一個標籤，讓生活更精采。

Eurasian Publishing Group
圓神出版事業機構
用心與你對話・視野無限寬廣
方智出版社
Fine Press

www.booklife.com.tw
reader@mail.eurasian.com.tw

生涯智庫 210

怡慧老師的原子習慣實踐之旅

作　　者／宋怡慧
發 行 人／簡志忠
出 版 者／方智出版社股份有限公司
地　　址／臺北市南京東路四段50號6樓之1
電　　話／（02）2579-6600・2579-8800・2570-3939
傳　　真／（02）2579-0338・2577-3220・2570-3636
副 社 長／陳秋月
副總編輯／賴良珠
主　　編／黃淑雲
專案企畫／沈蕙婷
責任編輯／黃淑雲
校　　對／黃淑雲
美術編輯／林韋伶
行銷企畫／陳禹伶・林雅雯
印務統籌／劉鳳剛・高榮祥
監　　印／高榮祥
排　　版／杜易蓉
經 銷 商／叩應股份有限公司
郵撥帳號／18707239
法律顧問／圓神出版事業機構法律顧問　蕭雄淋律師
印　　刷／祥峰印刷廠
2023年3月　初版
2024年7月　6刷

定價350元　ISBN 978-986-175-727-8

刻意練習的目標不僅是發揮潛能，還要打造潛能，做到以前做不到的事。

——《刻意練習》

國家圖書館出版品預行編目資料

怡慧老師的原子習慣實踐之旅／宋怡慧 著 . -- 初版 .
-- 臺北市：方智出版社股份有限公司，2023.03
224面；14.8×20.8公分 --（生涯智庫；210）
ISBN 978-986-175-727-8（平裝）

1. CST：自我實現　2. CST：生活指導

177.2　　111020894